Heinrich von Treitschke

Was fordern wir von Frankreich

Heinrich von Treitschke

Was fordern wir von Frankreich

ISBN/EAN: 9783743680166

Hergestellt in Europa, USA, Kanada, Australien, Japan

Cover: Foto ©ninafisch / pixelio.de

Weitere Bücher finden Sie auf **www.hansebooks.com**

Was fordern wir von Frankreich?

Von

Heinrich von Treitschke.

Sag' an, du Wolf, wann bist du voll?
Denkst nit, daß etwa käm' ein Tag,
Der dir bisher verborgen lag,
Da du mußt speien aus den Fraß?
Ulrich von Hutten.

Abdruck aus dem XXVI. Bande der Preußischen Jahrbücher.

Berlin.
Druck und Verlag von Georg Reimer.
1870.

Ueberall wo Deutsche wohnen, bis zu den fernen Colonien jenseits des Meeres, flattern die Fahnen vor den Fenstern, Glockengeläut und Kanonendonner verkünden Sieg auf Sieg. Wir wissen Alle: noch drei schwere Schläge, in Metz, in Straßburg, in Paris, und der Krieg ist glorreich beendet. Wer sich der bitteren Scham noch erinnert, die wir seit dem Tage von Olmütz durch so viele Jahre im Herzen trugen, dem ist heut oft, als ob er träume. Die Nation kann ihres Sieges nicht aus voller Seele sich freuen. Zu gräßlich sind die Opfer, die er heischte, zu lächerlich ungleich der Einsatz in dem blutigen Spiele: da sinkt die Blüthe deutscher Jugend im Kampfe wider Turcos und Lanzknechte! Aus dem Kummer um die gefallenen Helden erhebt sich den Deutschen der feste Entschluß den Kampf hinauszuführen bis zum letzten Ende. König Wilhelm, der so oft in diesen Wochen seinem Volke das Wort von den Lippen nahm, hat bereits feierlich verheißen, der Friede solle solcher Opfer würdig sein. Sehr bescheiden ist in solcher Zeit die Aufgabe des politischen Schriftstellers. Nur der Dilettant mag sich erdreisten, im Einzelnen die Satzungen eines Friedensschlusses auszuklügeln, dessen Vorbedingungen selbst dem handelnden Staatsmanne noch verborgen sind. Wir wissen nicht, in welchem Zustande die sittlich und politisch verwüstete Hauptstadt des Feindes unsere einziehenden Truppen empfangen wird. Wir vermögen nicht zu berechnen, wann die blinde Wuth der Franzosen einer Stimmung weichen mag, mit der wir verhandeln können. Wir ahnen nicht einmal, welche Staatsgewalt in Frankreich noch den Platz behaupten wird nach dieser ungeheuren, für den Despoten wie für das Volk gleich schimpflichen Untreue aller Parteien. So bleibt unserer Presse nur die Pflicht, die stillen unbestimmten Hoffnungen, die jede Brust bewegen, zu klarem Bewußtsein zu erwecken, auf daß beim Friedensschlusse ein fester durchgebildeter Nationalstolz schirmend hinter unseren Staatsmännern stehe. Als Deutschland zum letzten Male in Paris den Frieden diktirte, da haben wir schmerzlich gebüßt, daß den deutschen Diplomaten ein solcher Rückhalt fehlte.

Der Gedanke aber, welcher, zuerst leise anklopfend wie ein verschämter Wunsch, in vier raschen Wochen zum mächtigen Feldgeschrei der Nation wurde, lautet kurzab: heraus mit dem alten Raube, heraus mit Elsaß und Lothringen!

1.

Soll ich die Gründe aufzählen, welche uns zu solcher Forderung verpflichten, so wird mir zu Muthe, als sollte ich beweisen, daß die Kugel rund ist. Was darüber gesagt werden kann, ist nach der Schlacht von Leipzig in Ernst Moritz Arndt's herrlicher Schrift: „der Rhein Deutschlands Strom, nicht Deutschlands Grenze" und zur Zeit des zweiten Pariser Friedens von allen namhaften Staatsmännern des nichtösterreichischen Deutschlands, von Stein und Humboldt, von Münster und Gagern, von den beiden Kronprinzen von Württemberg und Baiern unwiderleglich und erschöpfend gesagt und seitdem durch die Erfahrung zweier Menschenalter bestätigt worden. Wenn ein ruchloser Raubkrieg wie dieser an dem frevelnden Volke schließlich nur durch eine Kriegskostenrechnung bestraft würde, dann wahrlich behielten jene überklugen Spötter Recht, welche Willkür und Zufall als die herrschenden Mächte der Staatengesellschaft verehren, das Völkerrecht als einen gutmüthigen Traum der Ideologen belächeln. Der Rechtssinn der Deutschen fordert die Verkleinerung Frankreichs; jeder schlichte Mann versteht, daß dies Volk in Waffen selbst durch die höchste Geldsumme nicht einmal für die wirthschaftlichen Opfer des Krieges entschädigt werden kann. Und warum flog schon vor dem Ausbruche des Kriegs durch Elsaß und Lothringen der angstvolle Ruf: „Die Würfel werden geworfen um das Schicksal unserer Provinzen" — in einem Augenblicke, da noch kein deutsches Blatt den Raub zurückgefordert hatte? Weil das geängstete Gewissen des Volkes begriff, welche Strafe von Rechtswegen den Brecher des Völkerfriedens treffen muß.

Was das Recht verlangt ist zugleich ein unabweisbares Gebot der Sicherheit. Man werfe einen Blick auf die Karte — klingt es denn nicht wie ein Hohn, wie ein schlechter Witz, daß Deutschland solche Grenzen empfangen hat nachdem unsere siegreichen Waffen zweimal der Welt den Frieden schenkten? Im Osten springt das mächtige Festungsdreieck zwischen Weichsel und Narew wie ein trennender Keil zwischen Preußen und Schlesien hinein, und im Westen ist Straßburg in Frankreichs Händen — der schöne „Paß in's Reich," wie Heinrich II. von Frankreich schon vor dreihundert Jahren begehrlich sagte. Jahrzehnte lang haben wir mit angesehen, wie das gesammte Pontonniercorps der Franzosen dort in dem mächtigen Ausfallsthore des Oberrheins in Garnison lag und allsommerlich vor unseren Augen seine Schiffbrücken über den Rhein schlug — zur freundnachbarlichen Vorübung für den deutschen Krieg. Die Kehler Eisenbahnbrücke, die der Welthandel doch nicht entbehren kann, mußte sofort nach der Kriegserklärung zerstört werden. Die Kanonen des Forts Mortier blicken noch immer drohend auf das offene Altbreisach hinüber, das ihnen schon einmal zum Opfer fiel. Weiter aufwärts, am Isteiner Klotz, genügen zwei Schüsse aus einer französischen Schanze um den Eisenbahnverkehr zwischen Freiburg und dem Oberlande aufzuheben. Eine solche Grenze ist schimpflich für ein stolzes Volk, ist eine lebendige Erinnerung an jene Tage deutscher Ohnmacht, da am Rheinthor zu Altbreisach noch die jämmerliche Inschrift stand: „Grenze war ich dem Franken; jetzt bin ich ihm Thorweg und Brücke. Wehe, dem Franken wird bald nirgends die Grenze mehr stehn!"

Beim zweiten Pariser Frieden warnte der Kronprinz von Württemberg: versäume man jetzt die deutsche Grenze am Oberrhein zu sichern, so werde der Trieb der Selbsterhaltung die Höfe des Südens früher oder später in einen neuen Rheinbund drängen. Die Weissagung ist freilich nicht buchstäblich in Erfüllung gegangen, Dank dem Erstarken Preußens, Dank dem vaterländischen Sinne der Fürsten von Baiern und Baden; doch ein leeres Wort war sie mit Nichten. Fünfzig Jahre lang hing die Gefahr eines neuen Rheinbundes drohend über dem unbeschützten Süden; fünfzig Jahre lang hat das Volk Süddeutschlands, schwankend zwischen blinder Bewunderung und leidenschaftlichem Hasse, den französischen Nachbarn fast niemals jenen kalten Stolz gezeigt, der einem großen Volke geziemt und allein dem Bewußtsein gesicherter Macht entspringt. Wenn unsere Enkel aus ihrem starken Reiche dereinst zurückschauen auf unsere Kämpfe, dann werden sie sich wohl des Einmuths dieser Tage freuen, aber auch mit lächelndem Achselzucken sagen: wie unreif und unfest war doch das Deutschland unserer Väter, das von Lob überfloß und aufjubelte in frohem Erstaunen, weil die Baiern und Schwaben in einem großen Augenblick ihre verfluchte Pflicht und Schuldigkeit gegen das große Vaterland erfüllten!

Jeder Staat soll die Bürgschaft seiner Sicherheit allein in sich selber suchen. Der thörichte Wahn, als ob Nachsicht und Großmuth gegen das besiegte Frankreich den deutschen Länderbestand sichern könne, hat sich zweimal grausam bestraft. Welcher deutsche Mann mag ohne Zorn jene Pariser Friedensverhandlungen lesen, wo Sieger und Besiegte die Rollen tauschten, wo den Vorurtheilen Frankreichs demüthige Schonung erwiesen ward, während nach Deutschlands Gefühlen Niemand fragte? Die Festung

Condé mußte den Franzosen bleiben, um ihres Namens willen; die Sieger hielten für unzart, einen Platz, der nach einem großen bourbonischen Feldherrn getauft war, von Frankreich abzureißen. Und was war der Lohn für die Großmuth von 1814? Die hundert Tage und Waterloo. Was der Dank für die Schonung von 1815? Eine stätig anwachsende Verderbniß der politischen Gesinnung, die allmählich jedes Rechtsgefühl in Frankreich ertödtet hat: nicht blos das rheinische Land gebührt den Franzosen; selbst jene Kunstschätze, die der Welteroberer einst aus Berlin und Venedig, aus Rom und Danzig entführte, sind von Rechtswegen das Eigenthum der Hauptstadt der Welt. Wenn das Frankreich von 1815, das noch über eine Fülle sittlicher Kräfte gebot, schon so bald wieder in die gierigen Träume der Herrschsucht zurückfiel, was haben wir vollends zu erwarten von dieser Gesellschaft des zweiten Kaiserreichs, die in Jahrzehnten wüster Parteikämpfe den Glauben an die idealen Güter des Lebens ganz verloren hat? Die Nation ist unser Feind, nicht dieser Bonaparte, der mehr ein Getriebener als ein Treiber war. Rache für Wörth und Forbach, Rache für Mars und Gravelotte — das wird noch auf lange hinaus die einzige Idee sein, welche den verfallenden Staat durchleuchtet. Ein zuverlässiges freundnachbarliches Verhältniß bleibt vorderhand unmöglich.

Es genügt nicht mehr, daß wir uns heute stark genug fühlen dem Angriffe Frankreichs und selbst eines europäischen Bundes zu widerstehen. Dies Volk in Waffen ist nicht im Stande, seine Söhne in jedem Augenblick auf die Hetzjagd wider den gierigen Nachbar zu senden. Unsere Wehrverfassung ist sinnlos ohne gesicherte Grenzen. Die geängstete Welt sieht schon aus der blutigen Aussaat dieses Krieges ein neues Geschlecht von Kriegen emporsteigen. Wir schulden dem Welttheil eine dauerhafte Sicherung des Völkerfriedens, und wir werden sie, soweit Menschenkräfte reichen, nur dann erlangen, wenn von den befestigten Pässen der Vogesen deutsche Feuerschlünde in das wälsche Land herniederschauen und unsere Heere in wenigen Märschen in die Ebenen der Champagne herabsteigen können, wenn dem Raubthiere die Zähne ausgebrochen sind und das geschwächte Frankreich nicht mehr wagen darf uns anzugreifen. Selbst Wellington, der Gönner der Bourbonen, mußte bekennen, Frankreich sei zu stark für die Ruhe Europas; auch die Staatsmänner der Gegenwart, wenn sie sich erst hineingefunden haben in das veränderte Gleichgewicht der Mächte, werden bald fühlen, daß die Verstärkung der deutschen Grenzen dem Weltfrieden zum Heile gereicht. Unser Volk ist friedlich; die Ueberlieferungen der Hohenzollern, die Verfassung unseres Heeres, der schwerfällige Bau des deutschen Gesammtstaats verbieten uns jeden Mißbrauch kriegerischer Kraft; wir brauchen ein Menschenalter friedlicher Arbeit, um die schwere, doch nicht unlösbare Aufgabe der Einigung Deutschlands zu bewältigen, während Frankreich durch die uralte politische Verbildung der eitlen Nation, durch den Lanzknechtsgeist seiner Berufssoldaten wie durch die fast aussichtslose Zerrüttung seines Gemeinwesens in die Irrgänge einer abenteuernden Politik getrieben wird.

Wer darf, Angesichts dieser unserer Pflicht den Frieden der Welt zu sichern, noch den Einwand erheben, daß die Elsasser und Lothringer nicht zu uns gehören wollen? Vor der heiligen Nothwendigkeit dieser großen Tage wird die Lehre von dem Selbstbestimmungsrechte aller deutschen Stämme, die lockende Losung vaterlandsloser Demagogen, jämmerlich zu Schanden. Diese Lande sind unser nach dem Rechte des Schwertes, und wir wollen über sie verfügen kraft eines höheren Rechtes, kraft des Rechtes der deutschen Nation, die ihren verlorenen Söhnen nicht gestatten kann, sich für immer dem deutschen Reiche zu entfremden. Wir Deutschen, die wir Deutschland und Frankreich kennen, wissen besser, was den Elsassern frommt, als jene Unglücklichen selber, die in der Verbildung ihres französischen Lebens von dem neuen Deutschland ohne treue Kunde blieben. Wir wollen ihnen wider ihren Willen ihr eigenes Selbst zurückgeben. Wir haben in den ungeheuren Wandlungen dieser Zeiten allzu oft froh erstaunt das unsterbliche Fortwirken der sittlichen Mächte der Geschichte gesehen, als daß wir noch an den unbedingten Werth einer Volksabstimmung glauben könnten. Der Geist eines Volkes umfaßt nicht blos die nebeneinander, sondern auch die nacheinander lebenden Geschlechter. Wir berufen uns wider den mißleiteten Willen derer die da leben auf den Willen derer die da waren. Wir rufen sie an, alle die starken deutschen Männer, welche einst der Sprache und Sitte, der Kunst und dem Gemeinwesen des Oberrheines den Stempel unseres Geistes aufprägten — und noch ehe das neunzehnte Jahrhundert zu Ende geht wird die Welt bekennen, daß die Geister Erwin's von Steinbach und Sebastian Brandt's noch leben, und daß wir, indem wir den Willen der heutigen Elsasser geringschätzten, lediglich ein Gebot der nationalen Ehre erfüllten.

Seit zwei Jahrhunderten, seit uns der preußische Staat erstand, ringen wir darnach, verlorene deutsche Lande von fremder Herrschaft zu befreien. Es ist nicht die Aufgabe dieser nationalen Staatskunst, jede Scholle deutschen Bodens, die wir in den Tagen der Schwäche preisgegeben, in unser neues Reich hineinzuzwängen. Wir dulden willig, daß unser Volksthum in der Schweiz, unabhängig von dem deutschen Staate, frei und friedlich sich entfaltet; wir rechnen nicht auf den Zerfall Oesterreichs, noch wollen wir jenen deutschen Stamm, der sich in den Niederlanden zu einer selbständigen kleinen Nation herausgebildet hat, in seinem Sonderleben stören. Aber wir dürfen nicht dulden, daß vor unseren Augen deutsches Volksthum grundsätzlich zerstört und herabgewürdigt werde zum Frohndienst gegen Deutschland. Nur unserer Zersplitterung, nur dem Beistand deutscher Kräfte dankt Frankreich jene überragende Machtstellung, welche weit über das Maß der gallischen Volkskraft hinausgeht. Wer hat denn jemals in Luther's Tagen sich erdreistet zu behaupten, daß Frankreich diesem waffengewaltigen Deutschland überlegen sei? In Strömen floß das Blut des deutschen Adels in den Hugenottenkriegen der Franzosen; ein deutsches Heer, das Heer Bernhard's von Weimar, bildete den festen Kern, daraus die Armeen Ludwig's XIV. emporwuchsen; in unserer Schule erst lernten die Wälschen uns zu besiegen. Wer zählt sie alle, die deutschen Heerführer der Bourbonen, von Bassenstein (Bassompierre) bis herab zu dem Marschall von Sachsen? die tapferen deutschen Regimenter Royal-Alsace, Royal-Deuxponts, Royal-Allemand? die dichten Schaaren schlagfertiger Hilfsvölker, die der Verrath deutscher Fürsten unter das Joch der Fremden stellte? Als dann mit der Revolution jene entsetzlichen Plünderungszüge begannen, die uns endlich dahin führten, daß die Lust am Franzosenkriege unserem friedlichen Volke gleichsam im Blute liegt und der Name „Franzos" im deutschen Norden gleichbedeutend ward mit „Feind" — da fochten abermals Tausende deutscher Männer unter den Fahnen des Feindes. Ney und Kellermann, Lefèvre, Rapp und Kleber zählten zu den Tapfersten der Tapferen. Und noch in diesem jüngsten Kriege stellt die derbgesunde deutsche Kraft der Elsasser und Lothringer, mit dem unberührten keltischen Volksthum der Bretagne, die besten Soldaten für Frankreichs Heer.

Zur Zeit, da das Elsaß der Herrschaft der Franzosen verfiel, lag unser Reich zerrissen darnieder, das Feuer des deutschen Geistes, das einst die Welt erhellte, schien erloschen; Deutschland beugte sich dem überlegenen Staate, der überlegenen Bildung der Franzosen. Und doch ist der französischen Gesittung selbst damals nicht gelungen, die Eigenart des ebenbürtigen deutschen Volksthums am Oberrhein zu zerbrechen. Seitdem war das Leben unseres Volkes ein stätig anhaltendes Erstarken. Wir übertreffen heute die Franzosen an Zahl und Dichtigkeit der Bevölkerung; wie oft haben ihre Kriegsprediger neue Eroberungen am Rheine gefordert, weil Frankreich nicht Schritt halten könne mit dem Anwachsen unserer Volkszahl — als ob wir Deutschen verpflichtet wären, der keltischen Unzucht und Leibesschwäche durch regelmäßige Lieferungen frischen deutschen Blutes aufzuhelfen! Wir haben die Regeln ihrer Kunst zerbrochen und dürfen die unsere, die freie Bewegung unseres wissenschaftlichen und kirchlichen Lebens getrost der geistigen Bildung der Franzosen gegenüberstellen. Wir haben unsere reichere und gewaltigere Sprache zu einer Freiheit und Feinheit ausgebildet, die den Vergleich mit der Sprache der Franzosen nicht mehr zu scheuen hat. Ja selbst der Vorzug ihrer älteren Cultur, der feine Ton und Schliff des geselligen Umgangs, ist im Verschwinden, seit die geile Frechheit der Pariser Halbwelt die Grenzen zwischen der guten und der verworfenen Gesellschaft nahezu verwischt hat. Wir haben die gesunden Gedanken ihrer Revolution dankbar in unseren Staat hinübergenommen und dazu den festen Unterbau der freien Verwaltung geschaffen, den Frankreich niemals kannte. Wir sind hart am Werke, das köstliche Gut der Staatseinheit, das wir ihnen lange neideten, auf unsere Weise zu vollenden, und denken auch den geringen Vorsprung im wirthschaftlichen Leben, welchen sie dem Reichthum und der Lage ihres Landes verdankten, durch ernste Arbeit auszugleichen. Wir haben sie die Wucht unsres Schwertes empfinden lassen und rufen die Welt zum Richter an, welcher der beiden Kämpfer bescheidener, rechtschaffener, menschlicher sich gehalten hat. Die Beherrschung eines deutschen Stammes durch Franzosen blieb jederzeit ein ungesunder Zustand, heute ist sie ein Verbrechen wider die Vernunft der Geschichte, eine Knechtung freier Männer durch halbgebildete Barbaren. Früher oder später mußte die Stunde schlagen, da der erstarkende deutsche Staat gezwungen war, von Frankreich Bürgschaft zu fordern für die Erhaltung unsres Volksthums im Elsaß. Die Stunde hat geschlagen, rascher, verheißungsvoller als wir Alle hofften; jetzt gilt es, Deutsch und Wälsch ehrlich zu trennen, den alten Streit für immer beizulegen. Vor fünfzig Jahren klagte Arndt: weil heute das Rechte nicht gethan ward, wird künftig das Rechte kaum noch gethan werden können. Versäumen wir auch diesmal unsre Pflicht, so wird die französische Nation mit jener leidenschaftlichen, gewaltthätigen Hast, welche sinkende Völker auszeichnet, mit dem ganzen Ingrimm ihres neu erwachten Deutschenhasses sich auf das Elsaß stürzen, um jede Regung deutschen Wesens zu ertödten. Wir aber hätten zum Schaden noch den Hohn und müßten von Neuem das Schwert ziehen, um unser Fleisch und Blut vor der häßlichsten Tyrannei, vor dem Sprachzwange, zu bewahren.

Der klägliche Ausgang des zweiten Pariser Friedens war auch für unser inneres Staatsleben verhängnißvoll; er hat Großes dazu beigetragen, daß in die treuen Herzen unseres Volkes jene Verbitterung und Verstimmung einzog, welche so lange der Grundton deutscher Staatsgesinnung blieb. Es darf nicht sein, daß abermals unsere siegreichen Heere heimkehren mit der bitteren Klage: wir sind mit Undank belohnt für namenlose Opfer! Was uns vor Allem noth thut, ist die helle Lebenslust, die sich zuversichtlich auf den Wellen großer Tage wiegt, das freudige Selbstgefühl, das in der dürftigen Enge der Kleinstaaterei nicht gedeihen konnte. Aus den patriotischen Reden, welche vor der Schlacht von Wörth den Süden durchhallten, klang zwar niemals der Zweifel an dem schließlichen Siege, doch sehr häufig die Vorstellung, als ob wir erst durch ein reinigendes Unglück, durch ein anderes Jena hindurch waten müßten, um den Sieg zu erringen. Wir müssen heraus aus dieser trüben Entsagung, die den alten einfach großen Charakter unseres Volkes verkümmert hat. So lange aber jene Wunde am Oberrheine noch klafft, wird der Deutsche nie aufhören, wehmuthsvoll, wie Schlegel in schmählicher Zeit, zu klagen: „Vaterland am lieben Rheine, ach, die Thränen muß ich weinen, weil das Alles nun verloren!" Die Masse der Süddeutschen weiß wenig von jenen glänzenden Erfolgen, die wir dem Schwerte Preußens längst verdanken; die Befreiung von Pommern, von Schlesien, von Altpreußen, von Schleswigholstein liegt ihrem Gesichtskreise fern. Doch das alte Lied „o Straßburg, o Straßburg, du wunderschöne Stadt" erklingt überall unter den Bauern des Südens, und von dem Tage an, da die deutsche Fahne auf dem Straßburger Münster weht, da ein reicher, dauernder Siegespreis die Thaten der deutschen Heere belohnt, wird auch in den entlegenen Hütten des Schwarzwaldes und der rauhen Alp der frohe Glaube erwachen, daß die alte deutsche Herrlichkeit auferstanden und dem Reiche ein neuer Mehrer erschienen ist.

Wenn wir mit vereinter Kraft dies schwer gefährdete Außenwerk dem deutschen Staate gewinnen, dann hat die Nation dem Einheitsgedanken ihre Seele verschrieben. Die widerstrebende neue Provinz wird den unitarischen Zug unserer Staatskunst verstärken, wird alle Besonnenen zwingen, sich in treuer Mannszucht um die Krone Preußen zu schaaren; und dieser Gewinn wiegt um so schwerer, da es immerhin möglich bleibt, daß ein neuer republikanischer Versuch in Paris die bewundernden Blicke der deutschen Radikalen abermals gen Westen lenkt. Der Gesichtskreis der deutschen Politik wird freier und weiter von Jahr zu Jahr; wenn die Nation erst fühlt, daß die Lebensinteressen des deutschen Staats bereits in die slawische, die skandinavische, die romanische Welt hinüberreichen, daß wir mitten inne stehen in der größten und schwierigsten Revolution des Jahrhunderts, dann werden auch unsere Parteien lernen, aus der Rechthaberei des Fractionslebens, aus der Armseligkeit doktrinärer Programme sich emporzuheben zu einer großen, streng sachlichen Behandlung der Staatsgeschäfte.

Der über den Main erweiterte deutsche Bund wird dann am Sichersten seinen nationalen Beruf erfüllen, wenn in ihm die scharfe Thatkraft des Nordens und die weichere sinnigere Weise des Südens in schönem Wetteifer sich ergänzen; von allen den kräftigen Stimmen, welche den vollen Chor des deutschen Volksthums bilden, können wir keine ganz entbehren. Aber das schmale Fußgestell des Bundes reicht im Südosten nur bis zum Böhmerwalde. Es kann dem vielgestaltigen Reichthum der deutschen Gesittung nur frommen, wenn das süddeutsche Wesen in unserem neuen Staate eine stärkere Vertretung findet, und das starke Volksthum der oberrheinischen Alemannen wird sicherlich bald wieder, von der fremdländischen Tünche befreit, seine echte deutsche Farbe zeigen.

Auch eine volkswirthschaftliche Erwägung fällt in's Gewicht. Begeisterte Schilderungen von Deutschlands reichen, gesegneten Fluren bilden ein unerläßliches Capitel in unserem patriotischen Katechismus, dürfen in keinem deutschen Schulbuche fehlen. Sie sind rührend als ein Zeichen treuer Liebe zu dem Lande unserer Väter, doch wahr sind sie nicht. Nüchternes Urtheil darf nicht bestreiten, daß unser Land vielmehr stiefmütterlich von der Natur behandelt wurde. Die auffällig verkümmerte Gestalt unserer kurzen Nordseeküste, der Zug der meisten deutschen Flüsse und Gebirge sind der politischen Einheit ebenso ungünstig, wie dem Weltverkehre; nur wenige Striche deutschen Landes dürfen sich an natürlicher Fruchtbarkeit vergleichen mit der reichen Normandie, mit Englands üppigen Ebenen, mit dem fetten Kornboden des inneren Rußlands. Hier aber, im Elsaß, ist wirklich ein deutscher Gau, dessen Erdreich unter einem milden Himmel von Segen trieft wie nur einzelne bevorzugte Stellen der überrheinischen Pfalz und des badischen Oberlandes. Eine seltene Gunst der Bodengestaltung hat hier gestattet, durch zwei Gebirgslücken hindurch Canäle vom Rhein nach dem Becken der Seine und der Rhone zu führen — großartige Wasserwege, wie sie der deutsche Boden sehr selten erlaubt. Wir sind keineswegs reich genug um auf ein so köstliches Besitzthum zu verzichten.

Das Alles ist klar wie der Tag. Keiner der fremden Staatsmänner, welche beim zweiten Pariser Frieden unsere Pläne durchkreuzten, hat auch nur versucht die Gründe Humboldt's zu widerlegen. Der Neid gegen Deutschlands werdende Größe und der jene ganze Zeit beherrschende Gegensatz der englischen und der russischen Politik, welche beide wetteifernd um die Gunst Frankreichs buhlten, gaben damals den Ausschlag. Zudem hatte England seine Siegesbeute, die Colonien, Rußland die seinige, die polnischen Lande, bereits gesichert, Deutschland allein konnte noch Forderungen an Frankreich stellen. Der ganze Cynismus dieser Politik des Neides erhellt aus jenem Ausspruche, den Czar Alexander in einem unbewachten Augenblicke hinwarf: „entweder ich nehme Theil an diesem

Kuchen, oder der Kuchen soll gar nicht gebacken werden." Der Freiherr vom Stein aber sprach traurig: Rußland will, daß wir verwundbar bleiben! — Wie anders stehen wir heute. *Wir sind nicht, wie damals, so erschöpft an Geld und Menschenkraft, daß wir nicht wagen sollten dem Widerspruch Europas zu trotzen. Die neutralen Mächte konnten durch ein rechtzeitiges kraftvolles Wort den Raubzug der Franzosen verhindern, sie haben dies Wort nicht gesprochen und dürfen heute nicht klagen, wenn wir allein entscheiden über den Preis des von uns allein erfochtenen Sieges. Die Zeit ist nicht mehr, da unsere Feldherren klagten, die Federn der Diplomaten verdürben was das Schwert der Völker errungen. Daß dieser Krieg zur rechten Zeit begonnen ward, daß den Tuilerien nicht die willkommene Frist blieb ihre trügerischen Verhandlungen länger hinauszuspinnen, das danken wir dem Scharfblick und der Kühnheit des Grafen Bismarck. Und wie der Krieg anhob als ein Werk klarer staatsmännischer Berechnung, so soll er auch enden. Waren wir während des Kampfes großmüthig fast über das Maß des Erlaubten hinaus, verschmähten wir die empörende Mißhandlung unsrer Landsleute, die scheußlichen Drohungen wider die Frauen Badens mit gleicher Roheit zu vergelten, nur um so mehr sind wir befugt beim Friedensschlusse rücksichtslose Entschlossenheit zu zeigen und das Werk von 1813 und 1815 zu vollenden. Was uns Allen nur als ein fernes Traumbild der Sehnsucht still im Herzen lebte tritt plötzlich als ein hartes Geschäft an die unbereitete Nation heran. Die Stunde drängt; eine wunderbare Gnade des Geschicks reicht uns schon in der Morgendämmerung der deutschen Einheit einen Kranz hernieder, den wir kaum im hellen Mittagsglanze des deutschen Reiches zu erobern dachten. Fassen wir ihn mit tapferen Händen, auf daß das Blut der theuren Erschlagenen nicht wider unsere Zagheit schreie!

2.

Wo liegt die Grenze, die wir zu fordern berechtigt sind? Die Antwort ist einfach; denn seit aus dem keltisch-romanischen Wesen die französische Nation sich heraushob, standen ihr Volksthum und das unsere jederzeit zäh und spröde sich gegenüber. Die beiden Völker hausten nebeneinander, nicht durcheinander gewürfelt, wie jene Nationen Osteuropas, die eine geographische Nothwendigkeit zu mannichfacher Vermischung zwingt. Unser Westen und Süden hat lange Zeit hindurch mehr Cultur empfangen als gegeben, und dennoch konnte die Sprachgrenze der Franzosen in Jahrhunderten nur um wenige Wegstunden ostwärts vordringen. Beiden Völkern ward unheilvoll, daß sich zwischen ihre natürlichen Grenzen die willkürliche Staatsbildung des lotharingisch-burgundischen Reiches hineinschob, ein Spielball unablässiger Kämpfe, und Beide erschwerten sich selber die Lösung des Streites durch eine Verirrung der nationalen Phantasie. Der Franzose schaut noch immer mit ähnlichen Gefühlen über den Rhein wie weiland die Römer Cäsars. Er hat niemals der Tage vergessen, da das prangende Trier die Hauptstadt Galliens war; seine Schulbücher schildern jene ersten Jahrhunderte des Mittelalters, da die französische Nation noch gar nicht bestand, als eine Zeit französischer Macht. Der deutsche Karl ist ihnen der Franzose Charlemagne; das Andenken der merowingischen Dagoberte wird in zahlreichen Inschriften elsassischer Städte geflissentlich aufgefrischt um an Frankreichs alte Machtstellung zu erinnern. Schon im funfzehnten Jahrhundert, als die Armagnacs verheerend in unser Oberland einbrachen, erklang in Frankreich das Verlangen nach der Rheingrenze. Vollends seit Ludwig XIV. und Napoleon I. wetteifern Staat und Gesellschaft, Presse und Schule im Verdrehen der Geschichte, ganz Frankreich klagt über die ungeheure Bresche zwischen Lauterburg und Dünkirchen, welche Deutschlands Raubgier in Frankreichs natürliche Grenzen eingebrochen habe. Wir Deutschen dagegen vergessen ungern der Herrscherrechte, welche einst das heilige römische Reich über das Burgundenreich von Arelat behauptete.

Es wird hohe Zeit, diese alte Träumerei wohlgemuth über Bord zu werfen. Wollen wir die Franzosen zwingen, auf den Traum der Rheingrenze zu verzichten, uns das Unsere zu geben, die europäische Nothwendigkeit der beiden Zwischenstaaten am Niederrhein und an der Schelde anzuerkennen, so müssen auch wir ihnen das Ihre geben und ohne Umstände gestehen: jene erobernde Politik Frankreichs, die sich gegen die burgundischen Länder wandte, gehorchte in ihren Anfängen einem wohlberechtigten nationalen Instinkte, nur daß sie später, bethört durch leichte Erfolge, über alles Maß hinausschlug. Gegen dritthalbtausend Geviertmeilen des heiligen Reichs gehören heute dem französischen Staate, weitaus der größte Theil davon mit vollem Rechte. Die südlichen Provinzen des Burgundenreichs waren unzweifelhaft französisch; als Karl V. im Madrider Frieden versuchte sie von Frankreich abzutrennen, da betheuerten die Stände von Burgund einhellig, daß sie Franzosen sein und bleiben wollten, und die Geschichte dreier Jahrhunderte hat ihnen Recht gegeben. Daß der alte einköpfige Adler unseres Reichs einst an dem Stadthause von Lyon prangte, über jenem Thore, wo heute das Reiterstandbild Heinrich's IV. steht, daß derselbe Adler einst auf das herrliche Amphitheater von Arles herniederschaute — das Alles sind gleichgiltige historische Erinnerungen, ebenso werthlos für die heutige deutsche Staatskunst wie die alten Lehensrechte unserer Kaiser in Italien.

Wir wollen die Macht und Herrlichkeit der Staufen und Ottonen erneuern, doch nicht ihr Weltreich. Unser neuer Staat dankt seine Kraft der nationalen Idee, er soll jedem fremden Volksthum ein redlicher Nachbar, nicht ein herrschsüchtiger Gegner sein und findet darum seine Westgrenze vorgezeichnet durch die Sprache und Sitte des Landvolks. Denn jedes Volk verjüngt und erneut sich von unten nach oben; aus den gesunden Tiefen des Bauernstandes steigen stets neue Kräfte empor, während die Bevölkerung der Städte eilig wechselt, die Geschlechter der höheren Stände bald verkommen, bald in die Fremde verschlagen werden. Das erfahren wir Deutschen noch immer in den Colonien unseres Ostens: überall wo uns gelang, den Bauer zu germanisiren, steht unser Volksthum aufrecht, überall wo er undeutsch blieb, kämpft die deutsche Gesittung noch heute um ihr Dasein. Legen wir diesen Maßstab an, so wird das deutsche und das französische Volksthum geschieden durch eine Linie, die etwa den Kamm der Vogesen entlang nach der Quelle der Saar und alsdann nordwestwärts gegen Diedenhofen und Longwy führt. Was darüber hinaus liegt ist wälsch. Diese Grenze, im lothringischen Hügellande schwer erkennbar, ist an vielen Stellen der Wasgauberge haarscharf gezogen. Wer von dem rührigen Städtchen Wesserling im oberen Elsaß westwärts wandert, steigt zuerst aufwärts durch rauschenden Wald, freut sich des Ausblicks in das heitere Thal der Thur und gelangt dann bei Urbes an die Wasserscheide, an die Grenze des Departements Oberrhein. Dort führt die Straße durch einen langen Tunnel, und sobald man aus dem Dunkel heraustritt in das Departement der Vogesen, sind Land und Leute sofort verwandelt. Der deutsche Wald ist verschwunden, kahle Berge umgeben das Thal der jungen Mosel. Die hochgewachsenen Bauern, die der französischen Armee so viele stattliche Kürassiere stellen, lassen wohl ahnen, daß mancher Tropfen germanischen Blutes in diesem Volke fließen mag; aber drunten in Boussang wird kein deutsches Wort mehr gesprochen, der dürftigere Häuserbau, der Holzschuh und die baumwollene Zipfelmütze verrathen sofort die französische Civilisation. Es ist wahrlich deutscher Chauvinismus, wenn einzelne Zeitungen sich bereits darin gefallen das ganz französische Remirémont wieder Reimersberg zu nennen. Was gilt es uns, daß Plombieres bei den Geographen des sechszehnten Jahrhunderts das Plumbersbad hieß, daß das liebliche Pont à Mousson einst eine Reichsgrafschaft Muselbruck bildete, daß das Herzogthum Lothringen noch vor achtzig Jahren unter dem Namen Nomeny auf dem Regensburger Reichstage aufgerufen wurde? Auch in Nanzig lassen sich wohl noch leise Spuren deutscher Erinnerungen entdecken; auf dem Bahnhofe fällt dem deutschen Reisenden die gemüthliche Inschrift „Trinkstube" neben dem unvermeidlichen Buvette behaglich in's Auge.

Doch die Hauptstadt Lothringens ist französisch in Sitte und Sprache, sie hat, ein anderes, lieblicheres Versailles, ihren architektonischen Charakter durch das französische Regiment ihres Stanislas le Bienfaisant empfangen, vor vier Jahren das hundertjährige Jubelfest ihrer Vereinigung mit Frankreich voll aufrichtiger und berechtigter Freude gefeiert.

Kaum der zehnte Theil jener einst dem heiligen Reiche angehörenden französischen Provinzen, ein Gebiet von etwa 250 Geviertmeilen mit kaum anderthalb Millionen Einwohnern, kann heute noch als deutsches Land gelten. Es ist nicht die Aufgabe einer weisen nationalen Politik, sehr weit über dies Gebiet hinauszugreifen, doch darf sie auch nicht mit doktrinärem Eigensinn an der Sprachgrenze als einer unüberschreitbaren Schranke festhalten. In keinem Lande Europas fällt die politische Grenze mit der nationalen vollständig zusammen; keine der großen Mächte, auch Deutschland nicht, kann den unausführbaren Grundsatz „die Sprache allein bestimmt die Gestalt der Staaten" jemals anerkennen. Das deutsche Gebiet in Frankreich wird militärisch gesichert durch zwei feste Plätze, welche um einige Meilen über die Sprachlinie hinausliegen. Die Feste Belfort beherrscht jene Gebirgslücke zwischen Jura und Vogesen, welche so oft der Thorweg war für die Züge der Eroberer aus und nach Frankreich. Den oberen Lauf der Mosel aber deckt Metz — heute gleich Belfort eine fast ganz französische Stadt — trotz ihrer alten reichsstädtischen Ueberlieferungen, trotz der deutschen Inschriften, die sich noch da und dort an einer Fuhrmannsherberge der hochgiebligen „Deutschen Gasse" zeigen, trotz des schlechten französischen Dialekts ihrer Bürger, trotz der zweitausend deutschen Einwohner, denen noch vor wenigen Jahren zuweilen deutsch gepredigt wurde. Und auf diese beiden Plätze sollten wir verzichten, einer unhaltbaren Doctrin zu Lieb? — Verzichten auf das feste Metz, das uns dreifach nöthig ist, seit wir Friedfertigen das Luxemburger Felsennest aufgaben? Nein, Recht und Klugheit spricht für unsere gemäßigten Ansprüche, wenn wir einfach fordern: die deutschen Lande Frankreichs und so viel wälsches Land, als zu deren Sicherung unentbehrlich ist — also ungefähr: die Departements Haut-Rhin und Bas-Rhin ganz, Moselle zum größten, Meurthe zum kleinsten Theile. Das Jungfernbild, das so lange über dem Wappen von Metz prangte und selbst den Heerschaaren Karl's V. trotzte, soll heute herabgeschlagen werden durch unser gutes Schwert. Den tapferen sächsischen Truppen war vergönnt mitzuhelfen bei der Wiedereroberung der Feste, mit deren Preisgabe einst der Sachse Moritz den langen Zeitraum deutscher Entwürdigung eröffnete; einem aufsteigenden Volke steht übel an, die Stätte, wo die Gerechtigkeit seines Schicksals so sichtbar gewaltet hat, wieder zu verlassen. Das Behagen der Franzosen zu Metz gilt wenig neben der Nothwendigkeit, der deutsch-lothringischen Provinz die natürliche Hauptstadt und ein festes Bollwerk zu geben. Im Verlaufe der Jahre wird deutsche Sitte sich wieder einwohnen in der alten Bischofsstadt. Zwang wider ihr Volksthum haben die Wälschlothringer und die Bewohner der wenigen wälsch redenden Vogesendörfer ebenso wenig zu fürchten wie unsere wackeren Wallonen in Malmedy und Montjoie, welche heute mit ihren deutschen Mitbürgern in treuer Hingebung wetteifern.

Bestände ein lebendiges Gemeingefühl in der europäischen Staatengesellschaft, so müßte der übermüthige Friedensstörer noch weit tiefer gedemüthigt und gezwungen werden, Savoyen und Nizza an Italien, das altberühmte Westflandern mit Dünkirchen, mit Lille — dem alten Ryssel — mit jenem Douai, wo der flandrische Löwe noch auf dem Rathhause die Wetterfahne schwingt, an Belgien herauszugeben. Doch die Macht der Trägheit, die Angst Europas vor jeder starken Aenderung, das stille Mißtrauen aller Staaten gegen das neue Deutschland wird einen so gründlichen Umbau des Staatensystems schwerlich gestatten.

Das deutsche Land aber, das wir fordern, ist unser durch Natur und Geschichte. Wohl stehen die beiden Ufer hier, wo der Rhein noch als ein ungebändigtes Gletscherwasser, nach Laune sein Bett wechselnd, daherbraust, nicht in so lebhaftem Verkehre, wie abwärts von Mainz. Der Wanderer, der aus einem elsasser Dorfe zum Rheine zieht, geht oft lange durch Buschland und Gerüll, an sumpfigen Altrheinen vorüber und muß leicht eine Stunde am Flusse warten, bis ein elender Nachen ihn zu einer der Burgen des Kaiserstuhls hinüberführt. Aber der Verkehr zwischen dem badischen Oberlande und dem Ueberrhein ist doch nicht mehr erschwert, als zwischen der badischen und der bairischen Pfalz oder Starkenburg und Rheinhessen. Die Natur selber hat die oberrheinische Ebene zur Schicksalsgemeinschaft bestimmt, sie mit gleichgeformten Gebirgswällen umzogen. Auf beiden Ufern erreicht das Gebirg im Süden seine höchste Höhe; dem Breisgauer Bauern ist der Elsasser Belchen der Wetterkündiger, wie der Sundgauer von drüben nach dem Schwarzwälder Belchen und dem Blauen schaut. Auf beiden Ufern zeigt die liebliche Landschaft da ihre volle Schönheit, wo ein Querthal aus der Kette des Gebirgs heraustritt: wo die Engelsburg den Eingang zum Thurthal beherrscht, wo die drei Schlösser von Rappoltstein in den engen Grund hinabschauen, wo die alte Feste Hohe Barr aus den rothen Felsen des Zornthals aufsteigt — wie gegenüber in Freiburg, Offenburg, Baden. Eine uralte Handelsstraße zieht mitten über die Ebene, durchbricht den Wasgau bei der Zaberner Stiege, den Schwarzwald bei dem Pforzheimer Thor, verbindet das Westerreich, wie unsere Väter sagten, mit dem inneren Deutschland; wo sie den Rhein überschreitet, liegt Straßburg, das Köln des Oberrheins, sein Münster als eine Landmarke weitum im Oberlande sichtbar, wie der Kölner Dom in den bergischen Gauen. Ein Prachtbild deutscher Landschaft! — so hat noch Jeder gedacht, der am frischen Morgen, wenn die Fetzen der Nebel noch an den Felskegeln hangen, auf die Wälle von Schlettstadt trat. Droben auf dem Gebirg der dunkle Tann, den das entwaldete wälsche Land kaum kennt; weiter niederwärts jene hellen Kästenwälder, die Niemand mehr missen mag, wenn er einmal heimisch ward am Rheine; am Abhang die Rebgärten und drunten jene schwellende, duftige Ebene, die dem alten Goethe noch in der Erinnerung überschwängliche Worte des Preises für sein „herrliches Elsaß" entlockte. Auch wir Jüngeren, die wir, mit der Schönheit des Gebirges besser vertraut als die Söhne des achtzehnten Jahrhunderts, für die Reize der Ebene weniger Sinn zeigen, hier müssen wir doch mit einstimmen in das Entzücken des Altmeisters, wenn er die breiten Fruchtbäume mitten im Kornfeld schildert und die alten Linden der Wanzenau und das Spiel des Sonnenlichts, das sich in der weiten welligen Fläche in unzähligen Mulden fängt und bricht.

Und mit dem Epheu, der das Gemäuer umrankt, schlingt auch die deutsche Sage ihr wundersames Gespinst um die hundert Burgen des Sundgaus. Hier am rauschenden Wasserfall stieg die Riesenjungfrau zu der Nideck hinauf und trug das Bäuerlein mitsammt dem Pfluge und den Rossen in der Schürze. Dort auf Tronja hauste der grimme Hagen der Nibelungen; droben auf dem Wasgenstein tobten die wilden Kämpfe unseres Walthariusliedes. Hier im Thale der Zorn ging Fridolin zum Eisenhammer; dort an der Bergkirche fließt ein Thränenbrunnen der schmerzensreichen heiligen Ottilie, wie jenseits ein zweiter in der stillen Thalbucht bei Freiburg. Ueberall tummelte sich in dem lustigen Ländchen deutscher Humor, deutsche Laune und Lebenslust. Der Graf von Rappoltstein war König aller Sänger und fahrenden Leute des heiligen Reichs, berief alljährlich die meisterlose Schelmenzunft zu einem ausgelassenen Pfeiferlandtage. Auf dem Rathhause zu Mülhausen bewahrt man noch den Klapperstein, der keifenden Weibern umgehängt wurde. Ohne den goldenen Wein von Rangen stiege der zierliche Thurm der Theobaldskirche zu Thann nimmermehr so kühn in die Lüfte; es war ein gesegnetes Weinjahr, da kamen die Winzer dem verzweifelnden Baumeister zu Hilfe, mischten den Kalk mit edlem Moste, daß die Fugen des lustigen Baues auch hielten.

In der älteren Geschichte deutscher Kunst hat das Elsaß immer einen ehrenvollen Platz behauptet: seit jener Otfried vor tausend Jahren in der Weißenburger Klosterzelle seinen Krist dichtete — das älteste große Denkmal altdeutscher Dichtung, das uns geblieben — seit Gottfried von Straßburg das liebeglühende Lied von Tristan und Isolda sang und Herr Walther von der Vogelweide das Dichterlob Reinmar's von Hagenau verkündete; seit in Thann und Straßburg jene Wunderwerke gothischer Baukunst sich erhoben, und Martin Schongauer für die gute Stadt Colmar seine treuherzigen Bilder malte. Vornehmlich die Schelmerei, das neckische Spiel des Witzes blieb den leichtlebigen Söhnen unserer Grenze immer eine Freude. Fast alle namhaften Humoristen unserer älteren Literatur waren Elsasser oder doch der Landschaft gesellig verbunden. In Straßburg schrieb der freidenkende, liebenswürdige Schalk Sebastian Brandt sein Narrenschiff, Thomas Murner die boshaften Satiren wider die Lutheraner. Georg Wickram, der in seinem Rollwagen die lustigsten Schwänke unserer Altvordern sammelte, war ein Colmarer Kind, und in dem lothringischen Forbach lebte Fischart — der Gewaltigste unter den wenigen Deutschen, die in der komischen Dichtung geniale Kraft offenbarten.

Und welches Gewirr politischer Kräfte, welche Macht und Kühnheit deutschen Bürgerthums sammelte sich in dem kleinen Lande, als noch die Löwen der Hohenstaufen von der Hochkönigsburg herrschend niederschauten: elf freie Städte des Reichs, darunter Hagenau, die Lieblingsstadt des Rothbarts, der er die Reichskleinodien anvertraute, und, alle überstrahlend, Straßburg. Was hat die Hauptstadt des Departements Bas-Rhin gethan und erlebt, das sich auch nur vergleichen ließe mit der uralten, in ihrer Kleinheit großen, in ihrer Bescheidenheit stolzen Geschichte der deutschen Reichsstadt? Ihr Bisthum hieß das edelste unter den neun großen Stiftern, die sich die Pfaffengasse des Rheines entlang zogen; von der altdeutschen Redlichkeit und Tapferkeit ihrer Bürger ging allezeit großes Gerücht im Reiche. So theilte sie getreulich alle Schicksale der rheinischen Städte, auch die Krankheiten, die Leib und Seele unseres Bürgerthums heimsuchten — den schwarzen Tod und seinen Genossen, den Judenbrand. Sie stand fest zu der rheinischen Hansa, rang wie Köln in harten Fehden mit ihrem Bischof, sah die großen Häuser der Zorn und Müllnheim um die Oberhand kämpfen, wie Köln seine Weisen und Overstolzen, sah die Zünftler wider die Geschlechter sich erheben, bis endlich nach dem Siege der Zünfte in dem gemeinen Stadtbuch jene treffliche Verfassung aufgezeichnet wurde, die Erasmus als ein lebendig Beispiel wohlbestallten Regimentes mit dem Staate von Massilia verglich. Die Grenzstadt ließ sich gern des Reiches starke Vormauer nennen, ihre Bürgerschaft sah mit tiefem Hasse auf die wälschen Nachbarn, zog mit den Schweizern vereint wider die Burgunder in's Feld, enthauptete den Landvogt Karl's des Kühnen zu Colmar. Glückliche Tage, da der feste Pfennigthurm den Schatz der reichen Stadt kaum fassen konnte, und Guttenberg hier seine ersten Versuche wagte, da der Ruhm der Straßburger Meistersänger weithin durch's Reich flog und die Bauhütte des Münsters bis nach Thüringen und Sachsen hinein Gericht hielt über die Zunftgenossen, da die befreundeten Züricher auf ihrem glückhaften Schiffe den heißen Breitopf zuthal führten und Bischof Wilhelm von Hohenstein jenen prunkenden Einritt hielt, den die feine Feder Sebastian Brandt's uns so köstlich geschildert hat.

Es kam die Zeit der Reformation. Deutschland erstieg zum zweiten, wie heute zum dritten male einen Höhepunkt seines Lebens, und auch das Volk im Elsaß griff hocherregt mit ein in die großen Kämpfe des deutschen Geistes. In Straßburg, in Schlettstadt und Hagenau leiteten Dringenberg und Wimpfelingen die gelehrte Arbeit der Humanistenschulen, Gailer von Kaisersberg predigte im Straßburger Münster deutsch wider die Mißbräuche der Kirche — ein Reichthum geistiger Kräfte, wovon das heutige Elsaß sich gar nichts träumen läßt. Mit Leidenschaft ergriff das mißhandelte Landvolk die weltbefreienden Lehren von Wittenberg; die Bauern im Elsaß erhoben den Bundschuh auf der Stange, wie nebenan die Bauern im Speyergau und im Schwarzwald. Sie kämpften und litten wie jene, der Straßburger Bischof hielt zu Zabern das grausame Strafgericht über die Meuterer wie der harte Speyerer auf Grombach und auf der Kästenburg. Die evangelische Lehre aber blieb aufrecht in den Städten. Vierzehn Städte des Reichs, an ihrer Spitze Straßburg, unterzeichneten auf dem Reichstage zu Speyer jenen Protest der sieben Fürsten, der dem neuen Glauben den Namen geben sollte. Nun begann Martin Bucer in Straßburg sein reiches Wirken; die Stadt stand vermittelnd zwischen den Lutheranern des Nordens und der Lehre Zwingli's, sie schenkte dem Protestantismus freigebig seine nie fehlenden Waffen, gründete die Bibliothek, das Gymnasium und später jene ruhmreiche hohe Schule, an der Hedion und Capito lehrten. Als die Protestanten zu Augsburg ihren Glauben bekannten, da überreichte auch Straßburg mit noch drei oberdeutschen Städten sein freieres Bekenntniß, die Tetrapolitana. Dann ward die Stadt, wie die anderen Hauptstädte Oberdeutschlands, Augsburg, Ulm, Nürnberg, mit hineingerissen in das Unglück der schmalkaldischen Waffen. Noch blieb eine Hoffnung: Frankreichs Hilfe. Aber die deutsche Stadt verschmähte den Bund mit dem Reichsfeinde. Den Tod im Herzen beugte ihr Bürgermeister Jakob Sturm sein Knie vor Karl V., denn der Hispanier war doch der Kaiser. Und als sechs Jahre darauf die Ruchlosen unter den deutschen Protestanten wirklich den Kriegsbund mit Frankreich schlossen und

König Heinrich II. als Beschützer deutscher Libertät seine Heere gegen den Rhein vorsandte, da hielt Straßburg abermals treu zu Kaiser und Reich, schloß den Franzosen seine Thore.

Und dies reiche Jahrtausend deutscher Geschichte sollte ganz zerstört sein durch zwei Jahrhunderte französischer Herrschaft? Nur wir Deutschen hier in dem Oberlande, das unsere Väter so gern das Reich nannten, ermessen vollständig, wie fürchterlich die hunnische Wuth der Franzosen an uns gefrevelt hat. Wie anders wäre der Anblick unseres Vaterlandes, wenn wir neben den herrlichen Städtebildern des alten Danzig, Lübeck, Nürnberg auch das alte Speyer, das alte Worms, Freiburg, Heidelberg besäßen, jene thürmestolzen, hochgiebligen Städte, die Merian noch kannte! In der Kirche von Landau steht noch das Grabmal, das Ludwig XIV. seinem Statthalter im Elsaß, dem wilden Catalanen Montclar, dem Zerstörer der prachtvollen Madenburg, errichten ließ; da wird in hochtönendem Latein die christliche Tugend des ruchlosen Mordbrenners gepriesen und salbungsvoll also geschlossen: „gehe hin Wanderer, und lerne, daß der Kriegsruhm erst durch die Tugend verherrlicht wird!" Und war nicht solcher gotteslästerlicher Frevel noch schmählicher für uns, die wir ihn litten, als für die Missethäter selber? Aber das Völkerrecht kennt keine Verjährung. Auch das Weichselland des deutschen Ordens und sein Meisterschloß die Marienburg fielen einst durch die Verrätherei deutscher Stände in die Hände der Fremden; drei volle Jahrhunderte vergingen, bis das erstarkende Deutschland sich mächtig genug fühlte den Raub von den Polen zurückzufordern. Mit gleichem Rechte sühnen wir heute was Frankreich vor zwei Jahrhunderten an unserem Westen verbrach.

Sobald die drei lothringischen Bisthümer durch den Verrath Moritz's von Sachsen an Frankreich gekommen, trachtete die Pariser Politik in schlauer Berechnung zunächst das Elsaß zu gewinnen, weil dann der umklammerte Ueberrest Lothringens von selber nachfolgen mußte, und die unsägliche Erbärmlichkeit jener zahllosen kleinen Herren, die sich in das Elsaß theilten, gewährte den Zettelungen französischer Ränke den dankbarsten Boden während der faulen Friedensjahre nach dem Augsburger Religionsfrieden. Auf den Trümmern von Hoh-Barr steht noch zu lesen, daß Johann von Manderscheidt, Bischof von Straßburg, im Jahre 1584 hanc arcem nulli inimicam errichtet hat. Die Grenzfeste gegen Frankreich — Niemandem feindlich! Liegt nicht in diesen zwei Worten die grimmigste Satire auf die schimpfliche Ohnmacht des sinkenden deutschen Reichs? Gemahnen sie nicht an jene köstliche Inschrift „gieb Frieden, Herr, in unseren Tagen," welche das streitbare Heer des Fürstbischofs von Hildesheim auf seinen Hüten trug? Also war der hohe Adel der weiland großen deutschen Nation bereits in seiner sittlichen Kraft erschüttert, als im dreißigjährigen Kriege der Kurfürst von Baiern das Elsaß den Franzosen preisgab und dann der westphälische Friedensschluß in vieldeutigen Worten die Rechte, welche bisher dem Hause Oesterreich dort zugestanden, der Krone Frankreich übertrug.

Es war eine Nothwendigkeit, daß Frankreichs schroffe Staatseinheit jetzt darauf ausging, die Trümmer deutscher Kleinstaaterei, welche in seinem neuen Gebiete noch eingesprengt lagen, vollends zu zerstören. Seine Residenten saßen in Straßburg, in seinem Solde standen jene drei Gebrüder Fürstenberg, welche die Höfe von München, Köln und Straßburg beherrschten und den empörten Zeitgenossen die Egonisten hießen. Doch während der Adel also Frankreichs Netze spann, blieben dem Volke im Elsaß deutsche Geisteskraft und deutsche Treue noch lange unverloren. Eben damals ward in Rappoltsweiler jener Philipp Jakob Spener groß, der den sittlichen Gehalt des erstarrten Lutherthums zu neuem Leben erweckte, und freudig jubelte das Volk dem Brandenburger zu, der mit den Franzosen am Oberrhein rang und dann die Schweden bei Fehrbellin aus seinen Marken schlug. Ein Volkslied, gedruckt zu Straßburg 1675, zu singen nach der alten Protestantenweise „Gustav Adolf hochgeboren" hebt also an: „der große Kurfürst zog mit Macht, um Frieden zu erlangen, er suchet der Franzosen Pracht und ihres Trotzes Prangen zu brechen durch die Kriegeskunst." So grüßte die ferne Westmark den ersten Helden des neuen nordischen Staates zum ersten male mit dem Namen des Großen.

Unterdessen bohrte sich die französische Politik tief und tiefer in das morsche Reich; die zehn kleinen Reichsstädte im Elsaß wurden der Souveränität des Königs unterworfen, und dann gab ein Verrath, dessen schmutzige Fäden noch heute im Dunkeln liegen, auch Straßburg in Ludwig's Hände. Welch ein Tag, jener 24. Oktober 1681, da der neue Herrscher seinen Einzug hielt: die Bürger der freien Reichsstadt auf den Knien Treue schwörend, während draußen deutsche Bauern an den Schanzen der Citadelle frohndeten! Am Thore des Münsters empfing Bischof Franz Egon von Fürstenberg den König, dankte ihm, daß er den Dom den Ketzern wieder entrissen, und rief: Herr, nun lässest du deinen Diener in Frieden fahren seit er seinen Heiland gesehen! Rebenac aber, Ludwig's Gesandter, betheuerte in Berlin, der König sei im Geringsten nicht gemeint gewesen den Frieden des Reichs zu brechen. Grausame Mißhandlungen wider die Straßburger Protestanten bildeten den würdigen Abschluß des ewig schmachvollen Hergangs. Dann hat die Hauspolitik der Habsburger dreimal die bereite Gelegenheit der Wiedereroberung versäumt und schließlich auch Lothringen preisgegeben.

Die Franzosen begannen langsam und vorsichtig die Lande zu gallisiren: nach Jahren erst wurde die selbständige Verwaltung der lothringischen Allemagne beseitigt, abermals nach Jahren die deutsche Kanzlei am Hofe zu Versailles aufgehoben. Und doch ist grade in dieser Zeit der Fremdherrschaft das Elsaß dem deutschen Volke tief in's Herz gewachsen. Denn deutscher ist kein Buch, als jenes einzige, das von dem allerschönsten Geheimniß des Menschendaseins, von dem Werden des Genius erzählt, und wärmer, inniger kein Bild aus Goethe's Leben als die Geschichte der glückseligen Liebezeit im Elsaß. Aus dem Pfarrhause von Sesenheim ist ein Strahl der Liebe in die Jugendträume jedes deutschen Herzens gedrungen; dies deutsche Haus bedroht von der Ueberfluthung wälscher Sitte — das scheint uns Allen wie ein entweihtes Heiligthum. Das frohe, sang- und tanzlustige Völkchen aber, das Goethe kannte, lebte so dahin, wenig bekümmert um sein politisches Zwitterdasein, wenig berührt von fremder Sprache und Sitte. Die Straßburger Hochschule begann zwar schon nach französischer Weise mehr auf die praktische Brauchbarkeit als auf die Tiefe des Wissens zu halten; doch sie lehrte noch deutsch, stand durch ihre Zierden Schöpflin und Koch mit der deutschen Wissenschaft in lebendigem Verkehre, ward von vielen jungen Männern aus dem Reiche, von Goethe, Herder, Lenz, Stilling, Metternich, besucht. Die Stadt hielt auch unter der drückenden Oberaufsicht königlicher Prätoren ihre alte Verfassung fest, nannte sich selber eine freie Stadt unter Frankreichs Schutz und war hundert Jahre nach der Einverleibung noch ebensowenig französisch, wie Danzig polnisch war unter dem Schutze der Krone Polen.

Erst die Revolution hat die Elsasser dem Staate und der Staatsgesinnung der Franzosen eingefügt. Sie vereinigte die noch übrigen kleinen deutschen Herrschaften des Elsaß mit dem französischen Gebiete, vernichtete hier wie überall das Sonderrecht der Provinz. Selbst der alte glorreiche Name des Landes mußte den für die französische Eitelkeit charakteristischen Bezeichnungen „Oberrhein" und „Niederrhein" weichen. — Niederrhein hier, wo der Strom noch nicht einmal große Schiffe trägt! In den Stürmen der großen Umwälzung lernten die Elsasser, wie alle Bürger Frankreichs, ihrer Vergangenheit zu vergessen. Und dies ist der wesentliche Grundzug der modernen französischen Staatsgesinnung, der letzte Quell der Krankheit ihres Staates: die Nation hat gebrochen mit ihrer Geschichte, was über die Revolution hinausliegt ist ihr todt und abgethan. Vor dreißig Jahren begann die Stadt Straßburg die Herausgabe ihrer treuherzigen alten Chroniken, ein Werk der Heimathliebe, ohne Zweifel; aber den Deutschen, dem seine Vorzeit noch eine lebendige Wahrheit ist, überkommt ein unheimliches Frösteln, wenn er die kühle Vorrede liest, die der Maire der Stadt, Schützenberger, geschrieben. Da wird von der herrlichen reichsstädtischen Zeit genau in demselben Tone geredet, wie von der Thatsache, daß die achte Legion einst in Argentoratum ihr Standlager hatte. Was vor dem vergötterten Jahre 89 geschah, gehört der antiquarischen Forschung; keine Brücke führt mehr hinüber von dem Heute zum Gestern.

Gräßliches, Ungeheures mußte geschehen, um eine so grundtiefe Wandlung der Staatsgesinnung zu vollziehen; kaum irgendwo sonst hat der Convent seinen Vernichtungskrieg wider die Provinzen so blutig, so erbarmungslos geführt wie in Straßburg. Die treue und schwere Art der deutschen Bürger vermochte den launischen Zuckungen des gallischen Geistes so schnell nicht zu folgen. Die Stadt schwärmte für das constitutionelle Königthum und hielt noch fest an ihrem Glauben, als die Pariser längst die Krone zerbrochen hatten; sie begeisterte sich sodann für das rhetorische Pathos der Gironde, als die Pariser schon die Jacobinermütze trugen; und als sie endlich den Jacobinern verfiel, da blieb in ihren heimischen Demagogen, in Eulogius Schneider und dem Schuster Jung, doch noch ein Zug von deutschem Idealismus, deutscher Billigkeit lebendig. Also waren die Straßburger den Terroristen als Gemäßigte verdächtig, und nun stürzte sich die Gleichheitswuth, die Einheitsraserei des Conventes mit scheußlicher Wildheit auf die deutsche Stadt. St. Juste und Lebas erklärten die Guillotine in Permanenz um das Elsaß zu „nationalisiren“ und von den deutschen Barbaren zu säubern. Die deutsche Tracht ward verboten, das Münster zum Tempel der Vernunft geweiht, seinem Thurme die rothe Mütze aufgestülpt; alles Ernstes beantragte der Club der Propaganda, jeden Bürger, der nicht französisch rede, zu deportiren.

Derweil also unter blutigen Gräueln der Trotz der deutschen Stadt dahinsank, wurde das Landvolk durch die Wohlthaten der Revolution für Frankreich gewonnen. Hier galt noch deutsches Bauernrecht, der Bauer litt unter harten grundherrlichen Lasten, war da und dort noch leibeigen und wurde jetzt durch die Nacht des Vierten August plötzlich ein freier Grundbesitzer. In einem Theile des inneren Frankreichs dagegen herrschten der Halbbau oder andere drückende Pachtsysteme, und die neuen Gesetze änderten wenig an der Lage des Landvolks. So geschah das Seltsame, daß Frankreichs deutsche Bauern die Revolution segneten, während das französische Landvolk in der Vendée sie leidenschaftlich bekämpfte. Der alte Freiheitstrotz der Alemannen erwachte; die Bauern im Elsaß drängten sich zu den Fahnen der Republik, und während der Kämpfe jener wilden Tage berauschten sie sich an zwei neufranzösischen Gedanken, welche mit jener Verachtung der Vorzeit fest zusammenhängen: fortan lebte in ihnen ein fanatischer Gleichheitssinn, dem jeder noch so harmlose Vorzug der Geburt als Feudalismus verhaßt ist, und das maßlose Selbstgefühl des vierten Standes, der in Frankreich nicht vergessen kann, daß einst das Dasein des Staates auf den Spitzen seiner Piken ruhte. Graf Wurmser aber, unter dessen Befehl das österreichische Heer vor den Weißenburger Linien focht, war ein Elsasser Edelmann, tief eingeweiht in die geheimen Umtriebe seiner unzufriedenen Standesgenossen; er verhehlte nicht, daß sein gutes Schwert die Herrlichkeit des Junkerthums wiederherstellen solle. Also erschien der Krieg gegen Deutschland dem elsasser Landmann als ein Krieg für die Freiheit des Leibes und der Scholle.

Dann ward das Volk vollends bezaubert durch den Ruhm des Soldatenkaisers, der die kriegerische Kraft dieser Deutschen so trefflich zu nutzen verstand. Das deutsche Reich ging jammervoll zu Grunde. Die Elsasser Pfeffel und Matthieu spielten die Vermittler beim schmutzigen Tauschgeschäft, als unsere Fürsten sich in des Reiches Fetzen theilten. Die letzte Achtung vor dem deutschen Staate war dahin. Als Deutschland endlich sich erhob, als die Verbündeten in Frankreich einfielen, da wähnte das Volk im Elsaß abermals die Segnungen seiner Revolution bedroht. Die festen Plätze, von Bürgern und Soldaten tapfer vertheidigt, hielten lange Stand, in den Vogesen führten bewaffnete Bauerschaaren den kleinen Krieg, kreuzigten gefangene deutsche Soldaten, verübten unmenschliche Gräuel, also daß Rückert über die entdeutschte Zucht des Landes klagen konnte. Zahlreiche Bilder in den Kirchen und altfränkischen Bürgerhäusern erinnern noch jetzt an diesen Volkskrieg wider die étrangers. Es folgte die elende Zeit der deutschen Demagogenjagd; deutsche Flüchtlinge fanden im Ueberrhein Schutz und Zuflucht, Straßburger Pressen druckten, was die deutsche Censur verbot, und der Elsasser schaute mit Verachtung auf die alte Heimath als auf ein Land der Ohnmacht und der Knechtschaft. Und da ja immer widernatürliche Zustände unheimliche Volkskrankheiten erzeugen, so wurde grade dies eroberte deutsche Land zum Heerde des Chauvinismus. Der Lauf des Rheines, der Saar, der Mosel verwies die Landschaften auf den Verkehr mit Deutschland, sie verlangten nach neuen Eroberungen, rühmten sich alle andern Provinzen Frankreichs an „Patriotismus“ zu übertreffen, sendeten ihre Söhne mit Vorliebe in das Heer, und vor zwei Jahren waren allein die kriegslustigen Lothringer bereit, den Vorschlag der allgemeinen Wehrpflicht anzunehmen, den die Selbstsucht der Franzosen verwarf. Ein anschauliches, dem Deutschen schier unbegreifliches Bild von dieser französischen Gesinnung der Grenzlande geben die vielgelesenen „nationalen Romane“ der beiden Elsaß-Lothringer Erckmann und Chatrian, der Friedensprediger unter Frankreichs

Dichtern. Grunddeutsche Menschen, diese wackeren Pfalzburger, die hier auftreten, deutsch in Sprache und Empfindung, doch die Erinnerung an die alte Verbindung mit dem Reiche ist ihnen verloren bis auf die letzte Spur, sie schwärmen für die Tricolore, hassen ingrimmig den Prussien, und die Erzähler selber — schreiben französisch!

Wohl faßt uns Deutsche ein Grauen, wenn wir heute in Gunstett und Weißenburg die blinde Wuth von 1815 wieder aufleben, wenn wir diese deutschen Menschen in deutscher Sprache wider die „deutschen Hunde", die „Stinkpreußen" schmähen und gleich reißenden Thieren wüthen sehen gegen ihr Fleisch und Blut. Und dennoch sind wir nicht befugt, den Stab zu brechen über dies verirrte Volk, das trotz alledem zu den tüchtigsten deutschen Stämmen zählt. Schon Arndt entschuldigte mit gutem Grunde die Elsasser wider Rückert's herben Vorwurf. Was uns an den Unseligen empört, ist doch nichts Anderes als der alte deutsche Particularismus, als jener verhängnißvolle Trieb des Deutschen, etwas Anderes, etwas Besseres zu sein als der deutsche Nachbar, das eigene Ländle für das Land der Mitte zu halten und bei dem einmal ergriffenen Banner in blinder Treue festzustehen — nur daß hier unter höchst unnatürlichen Verhältnissen die alte deutsche Erbkrankheit in der allerhäßlichsten Gestalt erscheint. Sehet hin auf die mißbrauchten Unglücklichen, die bei Wörth und Forbach den deutschen Kriegern meuchlerisch in den Rücken fielen: so sind die Deutschen, welche die große Auferstehung unseres Volkes während der letzten zwei Jahrhunderte nicht mit erlebten, und so wären wir heut Alle, wenn es kein Preußen gäbe. Der Elsasser ist nicht ein Franzose schlechtweg, er will es nicht sein, er blickt mit Mißtrauen, oft mit Haß auf den Wälschen; er fühlt sich als Glied des auserwählten Völkchens, das alle Franzosen durch Fleiß und kriegerische Kraft, alle Deutschen durch sein Franzosenthum übertrifft. Auch andere Deutsche setzten einst ihren Stolz darein, den Königen von Polen, Schweden, Dänemark, England deutsche Treue zu erweisen; noch grimmiger als heute die Elsasser kämpften einst die Stettiner für die Krone Schweden gegen den großen Kurfürsten. Erst der erstarkende preußische Staat hat uns Anderen ein deutsches Vaterland wieder geschenkt.

Woher sollten auch die Elsasser Achtung lernen vor dem deutschen Wesen? Was anders sahen sie vor ihrer Thür als die Lächerlichkeit der Kleinstaaterei und — jene Spielbank von Baden, wo deutsche Gemüthlichkeit sich demüthig beugte vor französischer Unzucht? Das alte Reich, dem sie einst treulich angehangen, war versunken; von dem neuen Staate, der sich glorreich emporhob, wußten sie nichts. Wie lang ist's her, daß bei uns selber die öffentliche Meinung als Deutschlands Fall beklagte, was Deutschlands Erwachen war? daß es wohl eine französische und habsburgische, doch nicht eine deutsche Ansicht der deutschen Geschichte gab? Noch am Anfang des Jahrhunderts pflegte der deutsche Patriot den letzten Grund der deutschen Zerrissenheit in der Entstehung des preußischen Staats zu suchen. Und wie war doch das Bild von Deutschland, das noch vor vierzig Jahren unsere Radikalen, nach Heine's Vorgang, zu entwerfen pflegten? Die deutsche Nation ein philosophirendes und biertrinkendes, doch übrigens unschädliches und bedientenhaftes Volk, ihre Kleinstaaten durch die große Revolution und den großen Napoleon mit einigen Freiheitsgedanken gesegnet, doch leider im Norden der Staat des Corporalismus und des Feudalismus, der räuberische Staat der hoberaux. Eben dies Zerrbild von Deutschland ist in Frankreich bis zum heutigen Tage lebendig geblieben. Allerdings hat das zweite Kaiserreich, das sich so viele unfreiwillige Verdienste um Deutschland erwarb, auch das Selbstgefühl der Elsasser ein wenig erschüttert. Einzelne Denkende erkannten wohl die sonnenklare Thatsache, daß jeder deutsche Staat heute ungleich freier ist als das kaiserliche Frankreich; doch die Masse des Volks, mißleitet von einer unbeschreiblich dummen Provincialpresse, blieb ohne jede Kunde von dem ungeheuren Umschwung, der sich in Deutschland vollendete, sie lebte weiter in den alten Träumen.

Hat sich nun in diesem französisch gesinnten deutschen Stamme eine eigenthümliche neue Gesittung herausgebildet? Die Elsasser, nach deutscher Weise geneigt die Noth zur Tugend zu machen, gefallen sich oft in der Versicherung, ihr Land bilde das vermittelnde Glied zwischen der romanischen und der germanischen Welt, sei darum heute bedeutsamer für das Culturleben Europa's denn früher als deutsches Reichsland. Niemand hat diesen Gedanken geistreicher und feiner entwickelt als der hochgebildete Ch. Dollfus aus Mülhausen. Um das Jahr 1860 schien es wirklich, als sollte die Provinz mit Erfolg dieses Vermittleramtes warten. Die Revue germanique, zumeist von Elsassern geschrieben, versuchte den Franzosen ein treues Bild von deutscher Wissenschaft zu geben; der Temps, gleichfalls von Elsassern geleitet, bemühte sich unser Staatsleben unbefangen zu würdigen. Auch Franzosen von altkeltischem Blute äußerten damals, nur das Wiederaufgraben der halbverschütteten germanischen Kräfte könne dem französischen Boden neue Triebkraft schenken, und wir Deutschen schauten mit ehrlicher Freude dem ungewohnten Treiben zu. Doch alle diese Versuche sind gänzlich gescheitert, und sie mußten scheitern. Die Freude der Franzosen an den Werken unseres Geistes beruhte immer auf der stillschweigenden Voraussetzung, daß wir noch immer jenem alten Zerrbilde entsprächen, noch immer ein staatloses Volk von Dichtern und Denkern seien. Sobald die böhmischen Siege die Macht des deutschen Staates offenbarten, trat im französischen Leben eine Wandlung ein, die wir Deutschen nicht genugsam beachtet haben. Der Einfluß deutscher Ideen kam in's Stocken, die Revue germanique ist längst untergegangen, der Temps hat dem neuen deutschen Bunde genau dieselbe Gehässigkeit erwiesen wie alle anderen französischen Blätter, und nach allem Gräßlichen, was wir in den jüngsten Wochen erlebten, ist für die nächste Zukunft eine noch tiefere Entfremdung zu erwarten.

Und war denn das Elsaß in Wahrheit ein Vermittler zwischen Deutschland und Frankreich? Zum Vermitteln gehört doch ein gegenseitiges Geben und Empfangen. Was aber haben wir von den Elsassern empfangen? Was waren sie uns? Ihre guten Köpfe gingen einfach dem deutschen Leben verloren, wurden Franzosen mit einem Anflug deutscher Bildung, wie jener Dollfus selber, dienten den Fremden, nicht uns. Der Verlust der deutschen Provinzen würde für Frankreich unendlich mehr bedeuten als eine Verminderung der 89 Departements um drei; er wäre nicht blos ein furchtbarer moralischer Schlag — denn diese Lande sind der Stolz der Nation, der vielumkämpfte Preis alter Siege, die gerühmte terre classique de la France — sondern auch eine ganz unersetzliche Einbuße an geistigen Kräften. Man erstaunt, in jeder großen Stadt Frankreichs, überall und in allen Lebensstellungen, die fleißigen, gescheidten, zuverlässigen Söhne des Elsaß zu finden. Die Bevölkerung des Departements Niederrhein, die doch nach deutscher Weise gesund und fruchtbar ist, hat sich in den fünfziger Jahren erheblich vermindert, durch das massenhafte Ausströmen in die Städte Frankreichs. Und diese regelmäßige Aufsaugung deutscher Kräfte durch das französische Volk sollten wir als eine gesunde Wechselwirkung anerkennen — jetzt da wir die Macht besitzen den krankhaften Zustand zu beendigen? Die Schweiz ist wirklich ein Land des Ueberganges, der Vermittlung; hier lernen, verbunden durch eine lose und freie Verfassung, drei Nationen einander zu würdigen und zu schonen. Doch der centralisirte Staat, das herrische Volksthum Frankreichs kann einer Provinz weder ein selbständiges Culturleben noch eine eigene Sprache gestatten.

Die amtliche Statistik verschmäht dort grundsätzlich nach den Sprachverhältnissen zu forschen, wie ihr Direktor Legoyt oftmals laut bekannte. Der Staat nimmt an, daß jeder Franzose französisch verstehe; die Welt darf nicht erfahren, wie vielen Millionen Basken, Bretonen, Provençalen, Flamändern, Deutschen die Staatssprache fremd ist; die abweichende Volkssprache soll zum Dialekte, zur Sprache der Unbildung herabgewürdigt werden. Mit rücksichtsloser Beflissenheit hat die französische Bureaukratie im Elsaß auf dies Ziel hingearbeitet, so fanatisch, daß Napoleon III. zuweilen die Plumpheit der Uebereifrigen ermäßigen mußte. Der gesammte höhere Unterricht ist französisch, neuerdings versucht man sogar durch die Einführung französischer Kindergärten die Jugend schon im zartesten Alter der Muttersprache zu entfremden. Wer reines nordisches Hochdeutsch spricht wird zuweilen mit halbgebildeten Elsassern sich leichter verständigen wenn er sein Französisch zu Hülfe nimmt: den Leuten ist nur der Dialekt der Heimath noch ganz geläufig. Aber das Unternehmen, die Sprache eines großen Culturvolks herabzudrücken zu der Roheit des keltischen Patois der Bretonen, ist ein Wahnwitz, eine Sünde wider die Natur. Ewig wahr bleibt der Spruch unsrer derben Altvordern: „also deutsch Herz und wälsches Maul, ein starker Mann und lahmer Gaul, zusammen sich nicht schicken." Die aufgedrungene fremde Sprache hat die höheren Stände des Elsasses in ihrem Gemüthe, in ihrem Seelenleben unsäglich geschädigt, dem geistigen Leben der Provinz den Charakter einer Bastardbildung, die nicht Fisch nicht Fleisch ist, aufgeprägt. Unglückliche Geschöpfe, diese deutschen Knaben, die dort in goldgeränderten Lyceistenmützen unter der Obhut eines eleganten Abbés einherziehen: an Boileau und Racine soll sich ihr deutsches Gemüth erheben, und in der Sprache Goethe's reden sie gräulich wälschend mit den Dienstboten!

In dem Kampfe selbständiger Cultursprachen erringt leider die Formgewandtheit meist den Sieg über die Tiefe, die Gediegenheit der Bildung. Denn am letzten Ende hängt das Volksthum des jungen Geschlechtes von den Müttern ab; und Frauen widerstehen nicht leicht dem Zauber der glänzenden Form. Während in der Regel das Weib, treuer als der Mann im Guten wie im Schlimmen, auch zäher als er an der väterlichen Sitte festhält, verwälschen die elsasser Frauen schneller als die Männer; das lehrt der Augenschein, das lehrt die von allen Volksbibliotheken der Provinz übereinstimmend berichtete Wahrnehmung, daß die Frauen fast nur französische Bücher lesen. Die Sprache des Staats, der guten Gesellschaft und der großen Geschäfte ist französisch; desgleichen die Sprache der Bücher und der Zeitungen — (denn jene barbarische deutsche Uebersetzung, die der Franzose Herr Schneegans neben den französischen Text seines Niederrheinischen Curiers zu stellen pflegt, wird besser mit einem mitleidigen Schweigen übergangen). Wer jemals drei Generationen eines elsasser Hauses neben einander sah, der hat auch die zunehmende Verwälschung der höheren Stände handgreiflich vor Augen gehabt. Erinnert man diese Menschen an ihre herrliche deutsche Vorzeit, so hilft ein zuversichtliches „wir sind Franzosen" über alle Gründe hinweg; der Gelehrte, wie jener Schützenberger, fügt wohl auch einige tiefsinnige Redensarten hinzu über die Wandelbarkeit aller irdischen Dinge, die selbst das Volksthum zerstöre. Der Staatsdienst, die Niederlassung zahlreicher Franzosen in der Provinz, mannichfache Familien- und Geschäftsverbindungen beschleunigen die unnatürliche Entartung. Von den großen Geschlechtern des Landes sind die Einen auf das rechte Ufer gezogen, so die Schaumburg, Böcklin, Türkheim, die Andren fast sämmtlich dem französischen Wesen verfallen — so die Reinach, Andlau, Vogt von Hunolstein. Ein Zorn von Bulach war es, ein Sohn jenes ruhmvollen alten Reichsbürgergeschlechts, der kürzlich im gesetzgebenden Körper in stürmischer chauvinistischer Rede die Befestigung von Hüningen verlangte, damit das Vaterland nicht dem Deutschen zur Beute falle.

Wie herrlich erscheint neben solcher Verwälschung der Gebildeten das treue Beharren des alemannischen Bauern bei der Sitte der Väter. Hier, unter den kleinen Leuten, wo die Bildung nichts gilt und das gesammte geistige Leben in dem Gemüthe enthalten ist, herrscht noch unumschränkt die deutsche Sprache, die auch unter den Vornehmen noch oft die Sprache des Gemüthes, des häuslichen Heerdes geblieben ist. Tritt der deutsche Wanderer in ein Dorf der Vogesen, so begrüßt ihn am Eingang irgend eine Verordnung in französischer Sprache oder eine auf die Mauer gemalte Anzeige der großen Pariser Reclamenfirmen Chocolat Ménier und Au pauvre diable. Doch im Dorfe selbst ist Alles deutsch: rothe Westen, große Pelzmützen und Dreispitze — uralte Volkstrachten wie nur in den entlegenen Thälern des Schwarzwaldes. Oft gilt der Name Wälsch noch als Schimpfwort, oft reden nur der Maire, der Cantonnier und einige jüngere weitgewanderte Burschen geläufig die fremde Sprache; alle Verordnungen, die das Volk ernstlich kennen soll, müssen in beiden Sprachen verlesen werden. Die Kinder französisch zu unterrichten ist entweder unmöglich oder sie vergessen nach wenigen Jahren das mühselig Erlernte. Freudig wie der Ditmarscher betrachtet der Sundgauer Bauer das Storchennest auf seinem Strohdach, er steht mit seinem Storche in gemüthlichem Verkehr wie Jener mit seinem Hadbar, nimmt gewissenhaft wie Jener den Miethzins in Empfang, den der Vogel alljährlich herunterwirft. Liest er etwas, so liest er die herzhaften Schwänke des hinkenden Boten, wie sein Schwarzwälder Nachbar drüben. Unter den Holzhauern oben im Wasgau, die im Winter die Stämme auf mächtigen Schlittten den jähen Abhang hinunterstoßen, ist für den Forscher noch ein reicher Schatz uralter deutscher Sagen und Bräuche zu heben; der Wälsche belegt die handfesten Gesellen mit dem köstlichen Namen schlitteurs.

Doch die gewaltigste unter allen den Kräften, welche das deutsche Wesen noch aufrechthalten, ist der Protestantismus, der feste Schild deutscher Sprache und Sitte hier wie im transsylvanischen Gebirg und an den fernen baltischen Gestaden. Die starke Wurzel unserer modernen deutschen Bildung bleibt doch das freie lebendige Nebeneinander der Glaubensbekenntnisse, und an diesem Grundzuge deutschen Lebens, der uns von dem katholischen Süden wie von dem lutherischen Norden unterscheidet, hat das paritätische Elsaß vollen Antheil. So lange der Landmann noch aus deutschem Gesangbuche „Ein' feste Burg ist unser Gott" singt, wird das Deutschthum im Wasgau nicht untergehen. Jener liebevoll werkthätige Geist, der in dem alten Spener und später in dem wackeren Oberlin, dem Wohlthäter des Steinthals, waltete, lebt noch heute in den wackeren evangelischen Seelsorgern des Elsaß, und vielleicht sind sie die Einzigen im Lande, welche im Stillen die Rückkehr zu Deutschland ersehnen. Treue Liebe zu dem Lande der Dragonaden und der Cevennenkriege konnte die schändlich mißhandelte evangelische Kirche ja doch niemals hegen. Deutsche Wissenschaft, der freie kühne Forschermuth der Tübinger Schule waltet unter den trefflichen Gelehrten der Straßburger evangelischen Facultät, deren einige noch deutsch lehren; den Franzosen danken sie nur einen rührigen praktischen Sinn, der die erkannte Wahrheit auch dem Leben, der Verfassung der Gemeinden einzuprägen sucht.

Und was ist überhaupt gesund und tüchtig im Elsaß? Was hebt diese Landschaft empor aus jenem finsteren Nebel der Genußsucht und der pfäffischen Verdummung, welche über den meisten anderen Provinzen Frankreichs ruht? Allein ihr Deutschthum. Deutsch ist jener rührige Bürgersinn, jener unausrottbare Drang nach Selbstverwaltung, der auch vor den Künsten napoleonischer Präfekten nicht gänzlich weichen und vor dem monarchischen Socialismus des zweiten Kaiserreichs sich nicht beugen wollte. Mögen die ehrenwerthen Mitglieder der société industrielle de Mulhouse immerhin glauben, daß sie Franzosen seien mit Leib und Seele, und an den Straßenecken ihrer Arbeiterstadt die Inschriften place Napoléon und rue Napoléon anbringen — dies bewunderungswürdige Unternehmen freien Bürgergeistes konnte doch nur auf germanischem Boden entstehen, wie auch das große städtische Arbeitshaus Ostwald bei Straßburg nur durch eine deutsche Stadt gegründet werden konnte. Die cités ouvrières in französischen Sädten, wie in Lille, sind durch den Staat geschaffen. Deutsch ist die thätige Sorge der Gemeinden und Hausväter für den Volksunterricht, die immerhin bewirkt hat, daß durchschnittlich von hundert Neuverheiratheten im Oberrhein nur 6 bis 7, im Unterrhein nur 2 bis 3 nicht schreiben konnten — ein Ergebniß, das neben den deutschen Zuständen bescheiden, neben den französischen glänzend erscheint. Deutsch ist der Geist jener Volksbibliotheken und Gesangvereine, die mit den Präfekten in beständigem Hader lagen; deutsch ist trotz der wälschen Sprache die gelehrte Bildung, die in der Revue critique und den Werken der Provincialhistoriker so Tüchtiges leistet; deutsch auch unter den Französischredenden der naturfrischere, derbere und jugendlichere Zug des Lebens, der von keltischer Unzucht wohl angefressen, doch noch nicht zerstört ward. Und sind nicht auch die Kriegertugenden des Elsassers deutsch? Seine Treue und Mannszucht, jener Fleiß in der Ausbildung des einzelnen Mannes und jene Lust am sorgfältigen Schießen, die ihn allein unter allen französischen Soldaten zum Parteigängerkriege befähigen und hier allein eine Art freiwilliger Volksbewaffnung, die franctireurs, hervorgerufen haben?

Doch leider, mögen wir die unverwüstliche deutsche Art des Elsassers preisen, der Gelobte nimmt das Lob nicht an; er bleibt dabei, daß er kein Schwabe sei und alle Schwaben gelbe Füße haben. Er ist durch Frankreich früher als wir Deutschen in das großartige Getriebe der modernen Volkswirthschaft eingeführt worden, er dankt ihm musterhafte Verkehrsanstalten, ein weites Marktgebiet, den Zufluß gewaltiger Capitalien, hohe Arbeitslöhne, die noch heute zur Erntezeit den badischen Feldarbeiter schaarenweis über den Rhein ziehen. Er hat von den Franzosen einiges savoir-faire gelernt, seine Betriebsamkeit steht im Ganzen höher als die deutsche nebenan, sticht in einzelnen Zweigen — so in der Kunstgärtnerei — sehr auffällig ab von der Bequemlichkeit des badischen Nachbars. Er ist seinem großen Staate verbunden nicht blos durch alte Treue und alten Stolz, sondern auch durch materielle Bande, deren Macht wir in unserem freieren Staatswesen selten nach Gebühr würdigen. Die bureaukratische Centralisation bietet unter tausend Sünden doch den einen Vorzug, daß sie wie ein fester Mörtel in jede Fuge des socialen Gebäudes dringt, das Herausbrechen eines Steines aus der Mauer unsäglich erschwert. Welche Arbeit bis alle die tausend Fäden abgeschnitten sind, die von Straßburg und Colmar nach Paris hinüberführen. Die fonctionnomanie der Franzosen, ihre Sucht vom Staate Vortheil zu ziehen, und sei es nur durch ein bureau de tabac, ist auch in diese Grenzlande hinübergedrungen. Eine Unzahl von Beamten, Pensionären und Veteranen lebt in der Provinz, und sind nicht fast alle großen Verkehrs- und Creditinstitute in Wahrheit Staatsanstalten? Welche Macht liegt nicht in der Hand der großen Ostbahn, welche dem Namen nach eine Privatbahn, thatsächlich eng mit dem Staate verbunden ist! Kommt das Land an Deutschland und diese Bahn bleibt was sie ist, so wird jeder Bahnwärter und jeder Schaffner französische Propaganda treiben.

Den geringsten Widerstand vermuthlich wird die Wiedereroberung im Niederelsaß finden; hier ist ein Drittel des Volks protestantisch, ein schwunghafter Verkehr geht nach Baden und der Pfalz. Weit ungünstiger liegen die Dinge am Oberrhein, wo ein mächtiger Clerus den Haß eines lebhaften, leicht erregbaren Geschlechts wider Deutschland schürt und an dem protestantischen Zehntel der Bevölkerung kein Gegengewicht findet. Die Industrie von Mülhausen arbeitet zumeist für Frankreich, obwohl die Kattun- und Musselingeschäfte des Platzes seit den neuen Handelsverträgen auch auf den Leipziger Messen stark vertreten sind. Die alten Erinnerungen der Schweizerstadt widerstreben dem deutschen Staate; ihre Patricier tragen geflissentlich französische Gesinnung zur Schau; ihre Arbeitermassen, weither, zumeist aus Deutschland, zusammengewürfelt, zeigten sich immer empfänglich für das hohle Pathos des Pariser Demagogenthums. Die allergehässigste Feindseligkeit aber droht uns in Deutschlothringen. Hier, unter einem fast ausschließlich katholischen Volke, hat deutsche Gesittung niemals so großartig sich entfaltet wie im Elsaß, seit mehr denn hundert Jahren wird sie durch die schlechten Künste des französischen Beamtenthums mißhandelt — am Rohesten in den alten luxemburgischen Landstrichen um Diedenhofen — und der gewohnte Verkehr führt das Landvolk nach zwei französischen Städten, nach Metz und Nanzig.

Gewiß, die Aufgabe, hier die zerrissene Kette der Zeiten wieder anzuknüpfen, zählt zu den schwersten, welche jemals den staatsbildenden Kräften unseres Volks gestellt wurden. Capital und Bildung, in Posen und Schleswig-Holstein die treuen Bundesgenossen des Deutschthums, sind hier unsere Gegner. Das deutsche Wesen ward furchtbar verwüstet in den höheren Ständen dieser Westmark. Was uns gräulich scheint ist ihnen heilig. Sie gedenken mit Stolz, daß einst Rouget de l'Isle in Straßburg jene glühenden Verse dichtete, die den Feinden Frankreichs, den Deutschen, Tod und Vernichtung drohten, und daß der Soldatenkaiser einst durch das Austerlitzer Thor hinauszog zum Kampfe wider uns; die Stadt, die in den Geisterschlachten der deutschen Reformation als eine Heldin focht, rühmt sich heute — so lautet die Phrase — de porter fièrement l'épée de la France. Was uns lächerlich scheint dünkt ihnen selbstverständlich. Sie erröthen nicht, sich Monsieur Schwilgué oder Stöcklé zu nennen, sie lassen sich die uralten Namen ihrer Städte in Wasselonne, Cernay, Sélestat verwälschen, nehmen selbst das unbeschreiblich abgeschmackte Obernay (für Oberehnheim) gefügsam hin und halten für vornehm, antwergmestres zu schreiben, wenn sie in ihren französischen Geschichtswerken von den Meistern der alten Zünfte reden; sie wundern sich, daß wir die Achseln zucken, wenn wir auf dem Marktplatz zu Rappoltsweiler das Denkmal zu Ehren der großen Gewerbetreibenden des Ortes betrachten und dort die Namen Meyer Jaques, Muller Etienne im Stile der Präfekturtabellen aufgezählt finden. Was uns Freiheit ist däucht ihnen Zwang. Sie haben in einem Staatsleben, dessen Parteien sammt und sonders dem Despotismus fröhnen, das Verständniß verloren für die Wahrheit, daß jede gesunde Freiheit Lasten und Pflichten auferlegt; sie schauen mit Widerwillen auf die Grundpfeiler des deutschen Staats, die allgemeine Wehrpflicht und die selbständige Gemeinde. Und mit all ihrer Ergebenheit erscheinen sie den Wälschen doch nicht als ebenbürtig. Der Franzose weiß die frische Kraft des Elsassers gewandt auszubeuten, doch er spottet im Stillen dieser ehrlichen têtes carrées. Die neufranzösische Kunst, alle zehn Jahre einmal sich umzudenken, will unter den zähen Schwaben schlechterdings nicht heimisch werden; die Elsasser sind auch in unseren Tagen, wie einst in der Revolution, jener periodisch wiederkehrenden allgemeinen Fahnenflucht, welche das Parteileben der Franzosen auszeichnet, nur zögernd, unwillig gefolgt; als der Präsident Ludwig Napoleon seine berüchtigte Kaiserreise durch Frankreich hielt und das ganze Land dem neuen Götzen zujauchzte, da begegnete ihm allein im Elsaß stolzer republikanischer Sinn. Solche Treue versteht der Franzose nicht. Selbst Duruy, der unserer Bildung näher steht, als die Meisten seines Volks, sagt über die Bevölkerung des Elsaß, nach einigen Worten verdienten Lobes, herablassend: mais elle délaisse trop lentement son mauvais jargon allemand et son intolérance réligieuse. — Mauvais jargon allemand — die Muttersprache, jenes treuherzige Alemannisch, das dem jungen Goethe so warm und traulich zum Herzen klang! Intolérance réligieuse — das treue Festhalten am evangelischen Glauben! — So fremd stehen die Franzosen ihren deutschen Staatsgenossen gegenüber.

Eben hierin liegt für uns ein Unterpfand der Hoffnung. Der Quell deutschen Lebens ist wohl verschlammt, doch nicht versiegt. Reißet diese Menschen aus dem fremden Erdreich heraus, und sie sind so deutsch wie wir. Die ausgewanderten Elsasser und Lothringer in Amerika halten sich regelmäßig zu den Deutschen, jubeln heute, wie diese, unseren Siegen zu. Der deutsche Geist der Muse Ludwig Uhland's fand kaum irgendwo einen so hellen Widerklang wie in den Liedern der Elsasser August und Adolf Stöber. Wie ergreifend klingt aus solchem Munde die Mahnung an die Straßburger: „soll Eure Söhn' umwinden der Treue festes Band, und soll sie ewig binden an's deutsche Vaterland!" Und dort in Kleeburg, nahe jenem Gaisberge, den jüngst die tapferen Niederschlesier in gräßlichem Kampfe erstürmten, stand die Wiege Ludwig Häusser's — des treuen Mannes, der uns zuerst die Geschichte unseres Freiheitskrieges mit deutschem Sinne erzählt hat. Auch andere deutsche Gaue waren einst ähnlicher Verderbniß verfallen wie heute das Elsaß. Zu den Bürgern von Köln und Koblenz war unter der faulen Herrschaft des Krummstabs, unter dem eisernen Joche des Kaiserreichs kaum eine schwache Kunde gedrungen von Friedrich's Thaten und Schiller's Gedichten, von allem Großen und Echten der neuen deutschen Geschichte; ein Jahrzehnt preußischer Herrschaft hat die Verlorenen dem deutschen Leben wieder erobert. Wurzelt das fremde Wesen heute in Colmar und Mülhausen ungleich tiefer als weiland am Niederrhein, so sind doch auch Kraft und Selbstgefühl der deutschen Nation seitdem unermeßlich gewachsen. Schon beginnen die Elsasser zu zweifeln an der Unüberwindlichkeit ihres Staates, den mächtigen Aufschwung des deutschen Reiches mindestens zu ahnen. Verbissener Trotz, tausend im Dunkeln schleichende französische Ränke werden uns jeden Schritt erschweren auf dem neu eroberten Boden; doch der letzte Erfolg ist zweifellos, denn für uns streitet, was stärker ist als fremde Lügenkünste — die Natur selber, die Stimme des Blutes.

3.

Wer ist stark genug, diese verlorenen Lande zu beherrschen und durch heilsame Zucht dem deutschen Leben wiederzugewinnen? Preußen, allein Preußen! Ich weiß es wohl, es leben im Norden der klugen Leute viele, die vorsichtig abmahnen: berührt nur jetzt nicht die heikle Frage, erweckt nur jetzt nicht den kaum eingeschlummerten Groll der Parteien. — Wunderlicher Irrthum! Die Frage, die sich hier erhebt, steht über allen Parteien; es ist die Frage, ob diesem deutschen Kriege auch ein deutscher Friede folgen, ob beide aus einem Guß und Geist sein sollen, ob, wie die Schwerter schlugen allein um des großen Vaterlandes willen, auch die Satzungen des Friedens sich richten sollen allein nach den Geboten deutscher Sicherheit und Ehre, nicht nach particularistischen Erbärmlichkeiten. Und gerade jetzt soll die Presse offen reden, so lange das Eisen des heiligen Völkerzornes noch im Feuer geschmiedet wird, so lange der herrliche Einmuth dieses Krieges noch nicht überwuchert ist durch das kleine Spiel der Parteien. Das Auge unseres Volkes ist hell, sein Herz weit genug, um nach verständiger Belehrung das für Deutschlands Sicherheit Nothwendige einzusehen. Sollten einzelne Verräther durch das offene Hervortreten der unabweisbaren nationalen Forderungen bewogen werden, ihre Maske vor der Zeit abzunehmen und ihren alten Lieblingsruf „lieber französisch als preußisch" wieder anzustimmen, so wird der Abfall solcher Gesellen der deutschen Sache nicht schaden.

Schreitet der Krieg in dem angehobenen großen Gange weiter, so wird der Feldherr der Deutschen im Namen der Verbündeten den Frieden schließen und was an Land zu fordern ist, an die Verbündeten insgemein abtreten lassen. Das weitere Schicksal der eroberten Lande bliebe dann als eine innere deutsche Angelegenheit den Verhandlungen zwischen den deutschen Verbündeten vorbehalten; denn es ziemt uns Deutschen nicht, die traurigen Ueberreste unserer Zersplitterung auf einem Friedenscongresse zur Schau zu stellen und der höhnenden Welt zu zeigen, daß unsere politische Einheit noch bei Weitem nicht so reif ist, wie die Einheit des deutschen Heeres. Sollen aber diese Verhandlungen zwischen den Verbündeten rasch und einträchtig zu gedeihlichem Ende führen, so muß eine feste und einmüthige öffentliche Meinung den Regierungen erleichtern das Nothwendige zu wollen. Was hemmte, nächst dem Neide des Auslands, die deutschen Staatsmänner von 1815? Die zerfahrene Unsicherheit des Geistes der Nation. Die Einen dachten dem Erzherzog Karl, Andere dem Kronprinzen von Würtemberg die Herzogskrone des Elsaß zu geben, selbst Arndt forderte nur im Allgemeinen die Befreiung des deutschen Stromes. Zeigen wir heute, daß wir gelernt in großen Tagen, daß wir für das Vaterland auch zu leben verstehen, während unsere Väter nur zu sterben wußten für Deutschland, daß an die Stelle jener unbestimmten nationalen Einigkeit, welche die Männer des zweiten Pariser Friedens beseelte, heute die Einheit des klaren politischen Willens getreten ist.

Im Norden geht heute das Wort im Schwange: wir wollen die Süddeutschen belohnen für ihre Treue — eine jener unklaren Redensarten, die, einem warmen Gefühle entspringend, in Zeiten gemüthlicher Erregung leicht gefährlich werden. Oh, wenn jene Norddeutschen, welche diese Phrase nachsprechen und sich dabei sehr edel und sehr großmüthig dünken, nur einmal sehen könnten, wie die Augen fester und einsichtiger süddeutscher Männer bei solchen Worten funkeln! Wir wollen keinen Lohn, heißt es da, und will man uns durchaus danken, so belohne man mindestens nicht den Particularismus unserer Höfe, den wir mühsam niederhielten! — Ich rede hier unter dem Eindruck dringender Mahnungen, die mir von süddeutschen Freunden zukommen und mich auffordern, in diesen Jahrbüchern das süddeutsche Interesse zu vertreten. Der Gedankengang dieser süddeutschen Interessenpolitik lautet schlicht und unwiderleglich also:

Frankreich wird und kann nicht ehrlich Frieden schließen. So lange sein Heer und seine Verwaltung sich nicht völlig ändern, so lange eine gänzlich umgestaltete Volkserziehung nicht ein neues Geschlecht heranbildet, wird das französische Volk nie im Ernst verzichten auf die natürlichen Grenzen, noch auf den Wahn, daß Deutschlands Schwäche Frankreichs Stärke sei. Wir im Oberlande können uns nicht in Ruhe unseres Daseins freuen, nicht mit Zuversicht den fieberisch erregten Grimm der gallischen Vandalen verachten, so lange nicht das Elsaß in starker Hut ist.

Der preußische Adler allein versteht festzuhalten, was seine Fänge ergriffen; in jeder schwächeren Hand ist das Grenzland nur ein Besitz auf Zeit. Wir kennen besser als die Freunde im Norden jene Mächte des Widerstandes, welche in Straßburg und Mülhausen gegen das Deutschthum sich aufbäumen. Das preußische Gebiet soll sich wie ein schützender Mantel von Wesel über Metz und Saarlouis bis nach Straßburg und Belfort um unsere bedrohte Grenze legen. Preußen wird vielleicht nicht immer von starken, gewiß nicht immer von genialen Männern geleitet werden; die Zeit kann kommen, da ein verzagter preußischer Particularismus sich wieder einmal die Frage vorlegt: „ist das Hemd uns nicht näher als der Rock? ist es für den norddeutschen Staat unerläßlich, Süddeutschland um jeden Preis zu vertheidigen?" Solche Fragen sollen in dem neuen Deutschland nicht mehr möglich sein; darum wollen wir Preußen durch das einzige Band, das in der Politik immer die Probe hält, durch seine eigenen Lebensinteressen an uns ketten. Wir haben immer beklagt, daß der Staat, der Deutschland lenkt, scheinbar mindestens ein ausschließlich norddeutscher Staat war; jetzt bietet sich die unschätzbare Gelegenheit ihn hineinzuziehen in das süddeutsche Leben, die unwahre, willkürliche Trennung von Nord und Süd für immer abzuthun. Er hat einst, in einer der kleinsten Epochen seiner Geschichte, das süddeutsche Land Ansbach-Baireuth mit preußischer Staatsgesinnung erfüllt; er wird heute, im Glanze der Macht und des Ruhmes, ähnliche Aufgaben mit gleichem Erfolge lösen. Dem deutschen Reiche aber wird es zum Heile gereichen, wenn die führende Macht in ihrem eigenen Hause süddeutsche Eigenart zu würdigen lernt, wenn die bürgerlichen Kräfte ihrer Westprovinzen verstärkt werden und den noch unreifen socialen Zuständen ihres Ostens ein Gegengewicht bilden — kurz, wenn der preußische Staat alle Gegensätze des deutschen Lebens in sich einschließt und versöhnt.

Was kann man im Norden so ernsten Gründen entgegensetzen? Nichts als die selbstgenügsame Rede: Preußen ist stark genug, um auf jede Gebietserweiterung zu verzichten. Wie großmüthig klingt dies Wort — wenn nur nicht der träge Kleinsinn des Particularismus sich dahinter verbürge! Was ist hochherziger, was deutscher: mit dem Münchener Hofe ein bequemes Verhältniß eingehen, indem man seiner Eitelkeit schmeichelt, und dann gemächlich zuschauen, wie Baiern sich vergeblich abquält an der Bändigung einer meuterischen Provinz — oder selber das Wächteramt am Rheine übernehmen, dessen Preußen allein warten kann, und entschlossen eine Herrschaft antreten, die dem Staate zunächst nur Lasten und Kämpfe bringt? Nein, wahrlich, nur ein übertriebenes Zartgefühl, ein falscher Edelsinn verhindert die norddeutsche Presse bisher, das Nothwendige zu fordern, das süddeutsche Blätter, wie die wackere Schwäbische Volkszeitung, schon längst gefordert haben. Alle andern Pläne, die man für die Zukunft der Grenzlande ersonnen hat, sind thöricht, so thöricht, daß die Widerlegung einige Ueberwindung kostet. Wozu auch im Ernst antworten auf den Vorschlag, Elsaß und Lothringen sollten einen neutralen Staat bilden — als ob Europa sich gar nicht satt sehen könnte an dem ekelhaften Anblick der nation luxembourgeoise! Fürwahr, nur das Hirn eines englischen Manchestermannes, umwölkt von den Dünsten der Friedenspfeife, konnte so seltsame Blasen werfen. Kein Wunder, daß alle Feinde Deutschlands den Einfall loben; ein bequemerer Weg, um für Frankreich Alles Verlorene wiederzugewinnen, läßt sich ja nicht erdenken.

Kaum weniger ungesund erscheint der Vorschlag, dies deutsche Außenwerk einem Mittelstaate anzuvertrauen. Ist es nicht, als wären wir aus dem großen Jahre 1870 in die Zeiten des Bundestags zurückgeschleudert? Als hörten wir sie wieder, jene weisen Denker der Eschenheimer Gasse, die uns besorglich vor dem Feuer der Centralisation warnten, während uns das Sumpfwasser der Kleinstaaterei bis über die Schultern reichte? jene tapferen Schützenfestpatrioten, die so stürmisch riefen: Deutschlands Einheit, aber mit der Hauptstadt Nürnberg? — Badens Fürst und Volk haben sich in schweren Tagen treu bewährt; wir übersehen jetzt erst vollständig, was es bedeutet, daß hier dicht vor dem Feinde vier Jahre lang eine ehrliche nationale Politik aufrecht blieb. Sollen wir heute zum Dank diesem Staate eine Last auferlegen, die ihn erdrücken muß? Der Plan, ein oberrheinisches Königreich Baden zu gründen, ist durch allzu andächtiges Beschauen der Landkarte entstanden, und ein alter norddeutscher Irrthum hat ihm im Norden einige Anhänger geworben. Weil Baden von Rotteck und Liebenstein bis herab auf Mathy und Roggenbach eine lange Reihe namhafter politischer Köpfe unter seinen Söhnen zählte, so pflegt man im Norden von den geistigen Kräften des Landes Erwartungen zu hegen, denen ein Staat dritten Ranges nicht entsprechen kann. Im Lande selber denkt man bescheidener. Jeder verständige Mann schaudert bei dem Gedanken an einen Carlsruher Landtag, der zur Hälfte aus Elsassern bestünde. Wer vermöchte die starken ultramontanen und radikalen Parteien des Landes, die heute eine verständige liberale Mehrheit darniederhält, dann noch zu bändigen, wenn sie mit den verwandten Parteien im Elsaß sich verbündeten? Ein solcher Staat wäre, wie weiland das aus Belgien und Holland zusammengeschweißte Königreich der Niederlande, eine Augenweide für den Kartenzeichner und, wie jenes, eine politische Unmöglichkeit.

Doch die badische Regierung denkt ohne Zweifel klug und patriotisch genug, um einen solchen Gewinn, der das Verderben des Landes wäre, von der Hand zu weisen. Um so mehr darf sie Gehör fordern, wenn sie, die zu allernächst betheiligte, ihrer Pflicht gemäß, entschieden Verwahrung einlegt gegen eine Vergrößerung Baierns durch das Elsaß. Ich will nicht den Schmutz einer kleinen Vergangenheit aufwühlen, doch in Carlsruhe kann man unmöglich vergessen haben, daß Baierns Gelüste nach der badischen Pfalz das Großherzogthum während eines vollen Menschenalters beunruhigten, derweil Preußen diese ganze Zeit hindurch Badens redlicher Beschützer war. Und sind unsere Grenzen sicher in Baierns Händen? Man stelle sich die bairische Regierung vor unter einem minder deutschgesinnten Könige als Ludwig II. ist, wie sie unablässig ringt mit der unbotmäßigen, durch Frankreich aufgestachelten Provinz, bis endlich der böse Nachbar zur guten Stunde mit dem Vorschlage heraustritt: nehmt ganz Baden und Würtemberg und gebt uns das Unsere wieder! Wahrlich, auch der Staat soll beten: führe mich nicht in Versuchung! Was sind alle Verträge und Bundesverfassungen gegen die rohe Wirklichkeit des Länderbesitzes? Zwar, Gott sei Dank, so Unwürdiges steht in dem neuen Deutschland schwerlich zu erwarten. Das edle Blut, das die Gefilde von Wörth und Weißenburg röthet, hat Preußens und Baierns Waffen fest verbunden; kein anderer Lord Castlereagh darf uns heute wie vor fünfundfünfzig Jahren höhnisch zurufen: der lose deutsche Bund kann das Elsaß nicht behaupten! Doch immer bleibt die böse Frage: besitzt Baiern die geistige und politische Kraft um das Elsaß mit sich zu verschmelzen? Offenkundige Thatsachen geben die Antwort. Wer hat im Jahre 1849 die deutschgesinnte linksrheinische Pfalz dem Königreiche Baiern gerettet? Die Waffen Preußens. Die Ergebnisse der bairischen Verwaltung in der Pfalz sind, milde gesprochen, sehr bescheiden geblieben. Jeder schöpferischen Kraft entbehrend, hat sie von den napoleonischen Institutionen der Provinz nur allzu Vieles träge aufrecht erhalten, und im Elsaß muß grade die despotische Verwaltung der Franzosen von Grund aus zerstört werden! Die Pfälzer sind deutsch mit Leib und Seele, doch dem bairischen Staate blieben sie stets halb fremd, fast feindlich; ihre Abgeordneten saßen im Münchener Landtage fast immer als eine geschlossene Landsmannschaft zusammen. Der schwache, unnatürliche Körper des Königreichs vermochte nicht das Sonderleben der Provinz zu brechen, und im Elsaß ist grade die Zerstörung eines unnatürlichen Sonderlebens unsere wichtigste Aufgabe!

Sage Niemand: in dem neuen Deutschland kommt wenig darauf an, welchem Einzelstaate eine Landschaft angehört, der Münchener Landtag muß sich ja doch mit der Rolle eines Provinciallandtages begnügen. —

Das heißt leichtsinnig eine Entwicklung als vollendet ansehen, welche erst im Verlaufe langer Jahre sich vollziehen kann. Gewiß wird die gewaltige Erhebung dieses Krieges nach dem Frieden auch einen staatsrechtlichen Ausdruck finden — in irgend welchen Formen, die sich heute noch nicht beurtheilen lassen. Die Einheit des Heerwesens, die im Kriege so herrlich erprobte, wird wohl unzweifelhaft auch im Frieden fortdauern; von ihr führt eine unhemmbare Schlußfolge zur gemeinsamen Diplomatie und von da zum gesammtdeutschen Parlamente. Aber der norddeutsche Bund wird und muß jenen beiden bewährten Grundsätzen treu bleiben, die er aufgestellt hat nicht aus Furcht vor Frankreich, sondern in richtiger Erkenntniß der deutschen Zustände. Er wird nach wie vor erklären: wir nöthigen keinen süddeutschen Staat zum Eintritt, aber wir wollen auch die schwer errungene Macht unserer Bundesgewalt nicht im Geringsten auflockern. Darnach ist doch keineswegs sicher, daß der bairische Hof sich sofort entschließen wird dem Bunde beizutreten. Und wenn er auch eintritt, so bleiben doch noch immer sehr wesentliche Unterschiede bestehen zwischen den einzelnen Bundesstaaten. Das Gebiet der inneren Verwaltung wird von den Bundesgesetzen nur zum kleinsten Theile berührt.

Und eben die Verwaltung, die gänzliche Neugestaltung der Regierungsbehörden, der Gemeinden, der Schulen muß in Elsaß-Lothringen das Beste thun. Die preußische Verwaltung aber hat am Rhein handgreiflich bewiesen, daß sie mit allen ihren Schwächen der französischen wie der kleinstaatlichen überlegen ist. Man vergleiche die jüngste Geschichte dreier großer rheinischer Städte, die sämmtlich durch Festungsmauern in ihrer natürlichen Entwicklung gehemmt werden. Wie kläglich stand das in Schmutz und Bettel verkommene Köln der napoleonischen Tage neben dem goldenen Mainz und dem wohlhäbigen Straßburg; und wie weit hat heute die stattliche Metropole des Niederrheins ihre beiden Schwestern überflügelt. Das ist der Segen der preußischen Gesetze. Nur Preußen vermag unter den französischen Beamten im Elsaß die unerläßliche rücksichtslose Ausfegung vorzunehmen, die feindlichen Kräfte durch tüchtige heimische zu ersetzen. Nur Preußen kann mit ruhiger Kraft den Belagerungszustand aufrechthalten, der in einzelnen Bezirken des verlorenen Landes wohl nöthig sein wird. Die Schattenseite der preußischen Verwaltung, die Vielschreiberei, wird den Elsassern nach der Corruption und der Tabellenseligkeit ihrer Präfecturen sehr harmlos scheinen. Ein mächtiger Staat, der die Rheinländer und Posener mit seinem Geiste durchdrungen hat, wird auch das Sonderleben halb französischer Alemannen zu beherrschen wissen, und wie die preußischen Parteien vor vier Jahren sich sofort über alle neuen Provinzen verbreiteten, so werden auch die Elsasser dereinst mit den Parteien Preußens sich verbinden und darauf verzichten, im Berliner Landtage eine Landsmannschaft zu bilden.

Der Friede muß manches Band zerreißen, das jenen Grenzlanden theuer war. Darf Deutschland auch noch die unnütze Grausamkeit begehen, die Elsasser von den Lothringern zu trennen, Metz an Preußen, Straßburg an Baiern zu geben? Der Friede soll die Elsasser abscheiden von einem mächtigen Staat, der ihr Stolz und ihr Ruhm war. Darf Deutschland zu der gewaltsamen Befreiung auch noch die Demüthigung fügen und die bescheidene blauweiße oder gelbrothe Fahne da aufhissen, wo die weiland weltherrschende Tricolore der Revolution geweht hat? Nein, diese Deutschen sind gewöhnt an den weiten Gesichtskreis eines großen Staats; sie wissen es gar nicht anders, als daß sie preußisch werden müssen, wenn sie aufhören Franzosen zu sein. Geben wir ihnen einen Ersatz für das Verlorene: einen großen glorreichen Staat, eine mächtige Hauptstadt, freien Wettbewerb um die Aemter und Ehrenstellen eines weiten Reiches. Sie haben in der Einförmigkeit des französischen Staats jeden Sinn verloren für jene verwickelten Zustände des deutschen Bundeslebens, die wir selber oft kaum verstehen. Sie können lernen preußische Bürger zu werden, doch sie würden es lächerlich finden, wenn sie einem Könige in München, einem Oberkönige in Berlin gehorchen müßten. Nur hier keine halben, künstlichen Verhältnisse, wo allein die einfache handgreifliche Wirklichkeit des deutschen Staats frommen kann; nur hier keine Bundesfestungen, kein reichsunmittelbares Bundesgebiet — oder wie sonst die überklugen Vorschläge spielender Dilettanten lauten.

Wir alten Kämpen der deutschen Einheit haben vor sechs Jahren die Einverleibung der Elbherzogthümer in den preußischen Staat gefordert, obwohl der Erbanspruch eines deutschen Fürstenhauses uns im Wege stand — und diese Jahrbücher sollten heute empfehlen, daß ein Kleinstaat sich einniste in den hundertmal schwerer bedrohten rheinischen Herzogthümern, wo kein Grund des Rechtes wider Preußen spricht? Will man den einzig deutschen Gesichtspunkt aufgeben und nicht fragen: was ist für das große Vaterland heilsam? — sondern nach Krämerweise berechnen, welcher Antheil an dem Siegespreise den einzelnen Bundesgenossen zukommt, so gelangt man zu dem baaren Unsinn: man müßte die Grenzlande unter, ich weiß nicht wie viele, Kleinstaaten vertheilen — ein würdiges Seitenstück zu jener lächerlichen Zersetzung des Saardepartements, welche im Jahre 1815 den Hohn Europas erweckte. Um jene Zeit, da das Selbstgefühl der preußischen Macht noch in der Wiege lag, konnte Gneisenau noch vorschlagen, Preußen solle das Elsaß an Baiern geben und dafür die ansbach-baireuthischen Lande zurücknehmen. Heute sind solche Ländervertauschungen unmöglich. Die Nation weiß, wie zufällig ihre Binnengrenzen gezogen sind, sie duldet jene trennenden Grenzpfähle nur noch mit stillem Unwillen, ohne rechten Glauben, und verwirft darum jede neue willkürliche Veränderung. Preußen ist nicht im Stande, den Bundesgenossen ihren Antheil am Siegespreise in Land und Leuten auszuzahlen. Muß es denn sein, ist die bundesfreundliche Gesinnung des Münchener Hofes anders nicht zu gewinnen, so mag allenfalls das nördliche Elsaß mit Hagenau und Weißenburg an Baiern fallen — was immerhin ein häßlicher Nothbehelf, eine Grausamkeit gegen die Elsasser wäre. Nur das Wesentliche, der ununterbrochene Saum der Grenze von Diedenhofen bis Mülhausen kann ohne schwere Schädigung Deutschlands von Preußen nicht aufgegeben werden.

Man verweist uns warnend auf den Einspruch Europas. Nun wohl, wollt Ihr bei den Fremden Rath suchen, so wird ihr Vorschlag vermuthlich dahin gehen, es solle der Großherzog von Hessen mitsammt seinem Herrn v. Dalwigk König in Elsaß werden. Es steht nicht anders, wir sind umringt von geheimen Gegnern. Selbst Englands unwürdige Haltung entspringt nicht blos der trägen Friedenslust, sondern auch dem stillen Argwohn gegen die unberechenbare Macht des neuen Deutschlands. Und gleich den Großen Mächten verfolgen auch die Schweiz und die Niederlande mißtrauisch unser Erstarken. Also von grollenden Nachbarn beobachtet vertrauen wir tapfer allein auf unser Recht und unser Schwert. Ist Deutschland mächtig genug, die Grenzlande den Franzosen zu entreißen, so darf es sie auch, unbekümmert um den Einspruch des Auslands, dem preußischen Staate zur Obhut übergeben.

Die Lösung der Elsasser Frage entscheidet über die nächste Zukunft des deutschen Staates. Denn Baiern, durch das Elsaß verstärkt und die süddeutschen Nachbarn rings umklammernd, wäre die Großmacht des deutschen Südens. Wer aber diese große Zeit versteht, der darf nicht wollen, daß an die Stelle des unglücklichen preußisch-österreichischen Dualismus ein preußisch-bairischer trete, daß Baden und Würtemberg haltlos zwischen Preußen und Baiern einherschwanken. Die Zeit ist für immer vorüber, da deutsche Mittelstaaten noch wachsen konnten. Napoleon der Erste hat die Königreiche unsres Südens geschaffen, auf daß ihr Scheinkönigthum das Emporsteigen einer wirklichen deutschen Königsmacht verhindere, auf daß ihre Scheinmacht die Macht Deutschlands untergrabe. Diese Kronen haben sich heute durch deutsche Treue den Dank der Nation und Verzeihung für den Makel ihres Ursprungs verdient; das Blut, das strömen mußte um den Norden und den Süden zu vereinigen, ist Gottlob geflossen im Kampfe wider den Erbfeind, nicht im Bürgerkriege. Auch wir radikalen

Unitarier freuen uns dessen und sind nimmermehr gewillt, die Souveränität der bairischen Krone wider den Willen der Baiern selber zu schmälern. Aber man fordere nicht, daß wir die Macht der Mittelstaaten, die ohnehin zu groß ist für einen festen nationalen Staat, noch erhöhen. Sollen wir heute, da der helle Tag des deutschen Königthums glorreich anbricht, die Zahl der Zaunkönige noch um einen vermehren? Sollen wir den Sieg über den dritten Napoleon dadurch feiern, daß wir die Schöpfung des ersten Bonaparte verstärken? Nein, wir wollen Deutschlands Einheit, nicht ein trügerisches deutsches Gleichgewicht.

Schlaue Köpfe rathen wohl, man soll Baiern durch eine Vergrößerung seines Gebietes dem Eintritt in den deutschen Bund günstig stimmen. Wer also redet, ahnt wenig von der Naturgewalt des nationalen Gedankens. Baierns Eintritt ist lediglich eine Frage der Zeit, er wird so sicher erfolgen wie die Knospe zur Frucht wird. Ist das Elsaß preußisch und, sammt Baden, in den deutschen Bund aufgenommen, so können wir getrost Nachsicht üben gegen den Münchener Souveränitätsdünkel und geduldig harren, bis Baiern durch die Erkenntniß des eigenen Vortheils in den Bund gedrängt wird. Fällt das Elsaß an Baiern, so kommt unsere europäische Politik aus der ewigen Unsicherheit, unsere deutsche Politik aus einem schwächlichen Schaukelsysteme nicht heraus. — Der Scheelsucht der fremden Mächte bietet sich nur ein Mittel um einen gerechten deutschen Frieden zu verhindern: sie muß versuchen Baiern von Preußen hinwegzuziehen. Soll dies verhindert werden, so muß die öffentliche Meinung in Nord und Süd einmüthig erklären: wir wollen, daß Elsaß und Lothringen preußisch werden, nur so werden sie deutsch! Der Geist der Nation hat in diesen gesegneten Wochen schon eine wunderbare Kraft bewährt; er wird auch, wenn er sich einträchtig für einen klaren politischen Gedanken erhebt, den Münchener Hof heilen können von krankhaft ehrgeizigen Träumen, die eine verständige bairische Staatskunst nicht hegen darf.

Die Elsasser lernten das zersplitterte Deutschland verachten, sie werden uns lieben lernen, wenn Preußens starke Hand sie erzogen hat. Wir träumen heute nicht mehr, wie Arndt vor Jahren, von einem neuen deutschen Orden, der das Grenzland behüten müsse. Die nüchternen, gerechten Grundsätze, die wir in allen neuerworbenen Provinzen erprobten, reichen auch hier im Westen völlig aus. Nach einer kurzen Uebergangszeit strenger Dictatur können die Lande ohne Gefahr in den Vollgenuß preußisch-deutscher Verfassungsrechte eintreten. Ist das Beamtenthum erst durch massenhafte Pensionirungen gesäubert, verfolgt unbarmherzige Strenge jeden Versuch des Verraths, so werden eingeborene landeskundige Beamte hier, wie überall in den neuen Provinzen, gern verwendet werden. Selbst das gute altpreußische Herkommen, wonach die Truppen in der Regel in ihrer heimischen Provinz garnisoniren, kann hier nach und nach eine vorsichtige Anwendung finden. Wir Deutschen verachten jenen bubenhaften Krieg gegen Stein und Erz, darin die Franzosen Meister sind; wir haben am Niederrhein die Denkmäler Hoche's und Marceau's in Ehren gehalten und denken uns auch an keinem, den Elsassern und Lothringern ehrwürdigen Erinnerungszeichen zu versündigen. Noch weniger an ihrer Sprache. Der deutsche Staat kann nur deutsch sprechen, aber er wird in den gemischten Bezirken dieselben milden Regeln befolgen, die in Posen und Schleswig-Holstein gelten; in die Gewohnheiten des häuslichen Lebens meisternd einzugreifen kam dem preußischen Staate nie in den Sinn. Unsere ganze Hoffnung ruht auf dem Wiedererwachen des freien deutschen Geistes. Wenn in den Schulen die Muttersprache wieder ernst und rein gelehrt wird, wenn die evangelische Kirche wieder in ungeschmälerter Freiheit sich bewegen darf, wenn eine verständige deutsche Provincialpresse das Land wieder einführt in die Kenntniß deutschen Lebens, so hat die Heilung des erkrankten Landes begonnen. Und ist es müßige Spielerei, einen Gedanken auszusprechen, der einem Gelehrten sich unwillkürlich aufdrängt? Warum sollte Straßburgs ehrwürdige Hochschule, wiederhergestellt nach schimpflicher Verstümmelung, für die deutsche Gesittung am Oberrhein nicht ebenso segensreich wirken wie Bonn gewirkt hat für den Niederrhein? Eine andere Rhenana im Oberlande — wahrlich, ein würdiger Abschluß dieses deutschen Krieges, dieses Kampfes der Ideen wider sinnliche Selbstsucht!

Die Arbeit der Befreiung wird hart und mühsam; die ersten deutschen Beamten und Lehrer in dem entfremdeten Lande sind nicht zu beneiden. Der monarchische Sinn des deutschen Volkes ist hier durch gräßliche Parteikämpfe gründlich zerstört; die Ultramontanen am rechten Ufer werden nicht säumen mit den Freunden am linken ein festes Bündniß zu schließen, und auch unter den deutschen Liberalen werden sich der guten Seelen viele finden, welche jeden Schmerzensschrei der Elsasser wider die Borussificirungswuth gläubig aufnehmen. Dennoch kann die Provinz nicht auf die Dauer ein deutsches Venetien bleiben. Einzelne Familien der höheren Stände mögen entrüstet auswandern, wie einst die Patricier Danzigs vor dem preußischen Adler flohen; die Anderen werden sich wieder einleben in das deutsche Wesen, gleichwie der polonisirte deutsche Adel Westpreußens unter preußischer Herrschaft seine alten deutschen Namen wieder angenommen hat. Schon die materiellen Vortheile, die der deutsche Staat bringt, sind werthvoll: leichtere, besser veranlagte Steuerlasten, geordnete Finanzen; für das Saar- und Moselland die Eröffnung der natürlichen Verkehrswege; Zerstörung jener nutzlosen Vaubanschen Festungswerke, welche, aufrechterhalten durch die veraltete Kriegskunst der Franzosen, den Aufschwung so vieler elsassischer Städte bisher lähmten. Selbst die Industrie des Landes wird nach einer freilich sehr harten Uebergangszeit im deutschen Osten einen neuen weiten Markt finden. Doch das Alles tritt zurück vor den idealen Gütern des deutschen Staatslebens. Wie? diese deutschen Knaben sollten grollen, weil sie nicht mehr gezwungen werden wälsch zu lernen? Die Bürger sollten uns auf die Dauer zürnen, weil sie fortan ihre Bürgermeister frei wählen dürfen? weil sie mit höhergebildeten, pflichtgetreuen, deutschredenden Beamten verhandeln sollen? weil wir ihnen statt der nichtigen Generalräthe einen selbstthätigen Provinciallandtag, statt des corps législatif ein mächtiges Parlament bieten? weil ihre Söhne alle gleichberechtigt eine kurze Dienstzeit in der Nähe der Heimath verbringen sollen, statt während langer Jahre als heimathlose Lanzknechte in nomadischen Regimentern umherzuziehen? weil sie jetzt unbehelligt an den zahllosen Vereinen und Versammlungen unseres freien und heiteren geselligen Lebens theilnehmen können? Erfreuliche Folgen für die Zukunft verspricht auch der tödtliche Haß, den der ultramontane Clerus dem preußischen Staate entgegenbringt; solche Feindschaft muß nach und nach alle Protestanten, alle frei denkenden Katholiken der Provinz für Preußen gewinnen.

Gedemüthigt, von wüthenden Parteien zerfleischt, kann Frankreich in den nächsten Jahren schwerlich an einen Rachekrieg denken. Gewinnen wir diese Frist, so steht zu hoffen, daß Straßburg dann schon aus seinem Schutte neu erstanden ist, und die Elsasser sich schon mit ihrem Schicksal versöhnt haben. Die Enkel aber werden dereinst die zweihundertjährige französische Episode in der Geschichte ihrer deutschen Landschaft ebenso befremdet und ebenso kalt betrachten, wie die Pommern heute die anderthalb Jahrhunderte des schwedischen Regiments. Noch nie und nirgends hat ein deutscher Gau bereut, daß er unter Preußens Schutz sich erholen durfte von der Herrschaft der Fremden, die immer nur ein glänzendes Elend ist.

Wer kennt nicht Uhland's Münstersage, das schöne Gedicht, das die Liebe der Deutschen für das Jugendland Goethe's so fein und tiefsinnig ausspricht? Der alte Dom erdröhnt, da der junge Dichter seinen Thurm besteigt:

im großen Bau ein Gähren,
als wollt' er wunderbar
aus seinem Stamm gebären
was unvollendet war. —

O Ludwig Uhland, und Ihr Alle, die Ihr einst in öden Tagen den Traum vom großen und freien Deutschland träumtet! Wie viel gewaltiger als Eure Träume sind doch die Zeiten, die wir schauen! Wie vieles Andere noch, das unvollendet war, soll jetzt neu geboren werden in dem uns wieder geschenkten deutschen Lande! Schier dreihundert Jahre sind's, da führte ein Hohenzoller, Markgraf Johann Georg, als erwählter Coadjutor von Straßburg, den Titel Landgraf im Elsaß; doch sein junger Staat wagte nicht den Anspruch zu behaupten. Der mächtige Strom deutscher Volkskraft, der einst im Mittelalter ausbrechend über die Slawenlande des Nordostens seine breiten Wogen wälzte, fluthet heute zurück gen Westen, um sein verschüttetes altes Bette, die schönen Heimathlande deutscher Gesittung, von Neuem zu befruchten. In denselben Marken des Westens, wo unser altes Reich die tiefste Schmach erduldete, wird heute durch deutsche Siege das neue Reich vollendet; und dies so oft, so schändlich von deutschen Lippen geschmähte Preußen baut uns den Staat, der waffengewaltig und gedankenschwer, stolz von Jahrhundert zu Jahrhundert schreiten soll.

30. August.

Inhalt.